改革开放40年：中国经济发展系列丛书

人民满意型政府的伟大实践：
中国政府改革40年回顾与展望

RENMIN MANYIXING ZHENGFU DE WEIDA SHIJIAN
ZHONGGUO ZHENGFU GAIGE 40 NIAN HUIGU YU ZHANWANG

国家发展改革委宏观经济研究院经济体制与管理研究所◎著

人民出版社

总　序

2018 年正值我国改革开放 40 周年。改革开放是决定当代中国命运的关键抉择，开启了人类历史上最为波澜壮阔的工业化和现代化进程。40 年来，中国经济社会发生了翻天覆地的变化，取得了举世瞩目的成就。党的十八大以来，以习近平同志为核心的党中央带领全国人民迎难而上、开拓进取，取得了改革开放和社会主义现代化建设的历史性变革和决定性进展。

统计显示，从 1978 年到 2017 年，我国国内生产总值按不变价计算增长了 33.5 倍，年均增长 9.5%。人均国内生产总值由 385 元增长到 59660 元，扣除价格因素，增长了 22.8 倍，年均增长 8.5%，实现了由低收入国家向中高收入国家的跨越；农业综合生产能力大幅提高，工业发展突飞猛进，服务业快速增长，建立了全球最完整的产业体系，220 多种工业产品产量位居世界第一，成为世界第一制造大国，产业结构由 27.7：47.7：24.6 调整为 7.9：40.5：51.6，就业结构由 70.5：17.3：12.2 调整为 27.0：28.1：44.9，我国用 40 年时间走过了发达国家近 100 年的工业化历程；城镇化率从 17.9% 提高到 58.5%，城镇常住人口从 1.7 亿人增加到 8.1 亿人，城市数量从 193 个增加到 657 个。40 年来，我国新增的城镇人口相当于美国总人口的 2 倍、日本的 5 倍、英国的 10 倍；对外贸易额从不到 100 亿美元增加到 4.11 万亿美元，跃居世界第一贸易大国，累计吸引外国直接投资 1.9 万亿美元。

我国已全方位融合全球经济体系，成为推动世界经济增长的重要引擎；农村贫困人口减少 7.4 亿，占全球减贫人口总数的 70% 以上，农村贫困发生率下降 94.4 个百分点。城乡居民恩格尔系数分别从 57.5% 和 67.7% 下降到 29.3% 和 32.2%。人均预期寿命从 1981 年的 67.8 岁提高到 76.7 岁。人民生活从短缺走向充裕、从贫困走向小康和全面小康。更为可贵的是，改革开放 40 年来，中国共产党在领导推进经济发展过程中，不断深化规律性认识，形成了许多重要的经验和启示。

中国宏观经济研究院（国家发展和改革委员会宏观经济研究院，以下简称宏观院）作为改革开放的亲历者和见证者，多年来始终把为中央宏观决策和国家发展改革委中心工作服务作为立院之本和第一要务，参与了许多改革开放重大课题研究和文件的起草工作。值此改革开放 40 周年之际，宏观院集全院之力，组织撰写了《改革开放 40 年：中国经济发展系列丛书》（以下简称《丛书》）。内容涵盖宏观经济、投资、外经、产业、区域、社会、市场、能源、运输、体制改革等经济社会发展的各个领域，既是对过去 40 年经验成就的回顾和总结，也包含了对新时代中国特色社会主义发展的展望与思考。

在《丛书》写作过程中，王家诚、俞建国、石康、齐援军等同志对书稿进行了审阅把关，人民出版社对《丛书》出版给予了大力支持，在此一并表示感谢！

由于时间和水平所限，《丛书》内容难免有不足之处，敬请读者批评指正。

中国宏观经济研究院

《丛书》编委会

2018 年 10 月

前　言

从20世纪80年代农村改革开始的改革开放，至今整整40年了。这场从农村开始并迅速扩展到城市、波及经济社会各个方面的经济改革浪潮，赋予了千千万万经济主体以经济自由，调动了广大劳动者的劳动积极性，以其磅礴之势，在短短十来年就将饥饿状态、短缺经济几乎一扫而空。40年来，随着改革的深入，开放的扩大，中国经济社会发展取得了举世瞩目的成就，我们用40年的时间走过了一些发达国家的百年历程，创造了中国奇迹。我们经历了工业革命、信息技术革命、交通革命、城镇化，还有住宅革命、家电革命、厨房革命，甚至厕所革命等。无论是生产方式，还是生活方式，无论是国家经济实力，还是国民生活水平、人均预期寿命，都发生了翻天覆地的变化，为全球经济社会的和平与发展做出了积极贡献。中国人民可以自豪地说，我们比历史上任何时期都更接近、也更有信心和能力实现中华民族伟大复兴的目标。

梳理中国改革的历程和经验教训，讲好中国故事，告诉世界中国的变化，中国国民生产生活方式的变化，让世界了解中国，让中国融入世界，是我们经历了改革过程这代人义不容辞的责任。"以史为鉴，可以知兴替"，以史为鉴，是为了更好地前进，告诉世界中国改革开放的故事，告诉世界中国的巨变，不是自吹自擂，夜郎自大，更不是故步自封，裹足不前，而是要讲述中国人民在中国共产党领导下在这40年的时间里如何探索繁荣致富之路，如何汲取改革开放的经验教训，针对前进中的问题，更加全面地改革，更大程度地开放，以习近平新时代中国特色社会主义思想为指导，贯彻新发展理念，推动中国走向可持续发展之路，建设社会主义现代化强国，实现人民对美好生活的向往。

中国的改革开放是全方位的，中国的变化是全面深刻的。国家发展和改革委员会经济体制与管理研究所（体改所）组织骨干研究力量，尝试从政府改革、建设人民满意型政府的角度，描述中国改革的过程，总结改革经验，梳理现有的问题，探索下一步的改革思路。中国20世纪80年代第一轮经济改革的重点是激发经济主体的活力，90年代第二轮经济改革的重点是提高市场配置资源的效率，新时代开始的第三轮改革，直接就改在了政府自己身上，"革自己的命"。改革政府，重塑政府运行机制，是一个庞大的系统工程。我们从政府与政府、政府与市场、政府与企业、政府与社会、政府与公民等诸多关系的维度，全景式地探讨相关改革的推进。总的来看，中国从计划经济时期的全能政府，逐步走向服务型政府，一个明显的趋势是放松政府管制，向市场放权，向社会放权，向人民放权。中国的府际关系日趋合理，市场经济逐步确立，经济主体愈发自由，社会管理逐步转向社会治理，公民权利日益得到保障，法治国家、法治社会建设逐步成为全民共识。可以说，中国40年的改革开放过程，也是中国共产党不忘初心，践行人民主体地位理念，逐步提升治理能力，推动国家治理体系和治理能力现代化的实践过程。

"骐骥千里，非一日之功"。中国的改革进入攻坚期和深水区，要敢于啃硬骨头，有许多问题需要解决。2013年中共十八届三中全会《中共中央关于全面深化改革若干重大问题的决定》提出，中国全面深化改革的目标是完善和发展中国特色社会主义制度、推动国家治理体系和治理能力现代化，2017 年中共十九大明确提出要建立人民满意的服务型政府，政府改革已经成为新时代改革的重点和关键。我们在总结经验的同时，也分析了深化政府改革需要进一步解决的问题，提出了政策建议。

完善和发展中国特色社会主义制度、推动国家治理体系和治理能力现代化，是一项前无古人的伟大事业，中国共产党、中国政府和中国人民做出了艰难的探索，有成功、有曲折、更有许多现实问题需要解决。我们对中国政府改革经验的总结、问题的梳理，尽管竭尽全力，但也深知，与中国丰富的实践经历相比，我们的研究肯定挂一漏万，不当之处，还请方家批评指正。

本书是体改所多位同仁共同努力的结果，作者分别是：第 1 章，银温泉，第 2 章，王琛伟，第 3 章，孙凤仪，第 4 章，郭冠男，第 5 章，刘现伟，第 6 章，王皓田，第 7 章，胡杰成，第 8 章，李红娟。李晓琳博士也参与了部分内容的写作。在修改过程中，王家诚研究员等专家学者提出了中肯的意见。对于各位同仁和专家的辛勤劳动，我在此表示感谢。

银温泉

2018 年 10 月

目　录

第一章　构建人民满意型政府：
一个理论分析与叙述框架

20世纪80年代从农村改革开始并迅速扩展到城市的中国经济改革浪潮，赋予了千千万万经济主体经济自由，调动了广大劳动者的劳动积极性，以磅礴之势在短短十来年就将饥饿状态、短缺经济几乎一扫而空。1992年中共十四大决定建设社会主义市场经济，从资源宏观配置方式上确立了市场配置资源机制，中国经济市场化步伐加速，曾经被奉为社会主义基本经济特征的计划经济已成为历史。进入21世纪，在2013年11月，中共十八届三中全会做出了《中共中央关于全面深化改革若干重大问题的决定》，提出全面深化改革的目标是完善和发展中国特色社会主义制度、推动国家治理体系和治理能力现代化；经济体制改革是全面深化改革的重点，核心是处理好政府和市场的关系，使市场在资源配置中起决定性作用和更好地发挥政府作用。2017年中共十九大更是明确提出要建立人民满意的服务型政府。政府改革已经成为新时代改革的重点和关键。转变职能、推动"放管服"改革，成为新一轮改革的"当头炮"。

改革政府，重塑政府运行机制，是一个庞大的系统工程，特别是长期以来中国政府作为全能政府形象存在，改革任务更是艰巨复杂。我们将从政府与政府、政府与市场、政府与企业、政府与社会、政府与公民等等诸多关系的维度入手，全景式地探讨相关改革举措，力求抓住主要矛盾，找准关键环节，协调配套，系统集成，优化政府治理体系，提升政府治理能力，建立人民满意型政府，推动国家治理体系和治理能力现代化。

第一节 政府改革是经济改革的重心

20 世纪 80 年代中国第一轮经济改革的重点是激发经济主体的活力，90 年代第二轮经济改革的重点是提高市场配置资源的效率，新时代开始的第三轮改革，直接就改在了政府自己身上，"革自己的命"。中国计划经济时期的政府是一种全能型政府，现在仍然是一个"强政府"。长期以来，政府职能"越位""错位""缺位"问题突出，政府主导经济社会发展，干预市场正常运转，抑制了市场主体的活力，降低了市场配置资源的效率。政府改革呼之欲出。中共十八届三中全会的《决定》把政府与市场的关系作为改革的核心，是中国改革的理论逻辑的和实践发展的必然选择。

在中国经济改革过程中，一个重要政策取向就是扩大地方权力。经济发展决策权下放、国有企业下放、资源配置权下放（土地财政、资源等），地方经济发展动力增强，而干部选拔偏重 GDP 增长的取向，又进一步强化了地方政府发展动力。地方政府公司化、整个政府体系公司化现象突出，政府成为推动经济发展的最重要主体（Qian and Weingast，1997；许成钢，2008；宋晓梧，2014）。

在改革开放初期，由于市场主体发展不充分，市场体系不健全，缺乏市场，缺乏企业家，政府直接或通过国企主导资源配置，能够弥补市场失灵，推动经济发展。[①] 这是中国改革开放 40 年取得举世瞩目成就的重要推动因素之一。但与此同时，政府主导型发展带来两大矛盾，一是经济发展不可持续，资源环境问题突出；二是社会发展不可持续，社会不公问题严重。这既是政府一味追求经济增长、崇尚 GDP 所致，更是因为政府及政府机构不计成本、投资低效率所致。

在市场经济体制基本确立、经济主体多元化格局形成的形势下，面对经济社会可持续发展的严峻挑战，必须改变政府直接干预市场的发展模式，减少政府配置资源的自由裁量权，让市场在配置资源中发挥决定性作用。同时，要改革政府对经济社会的治理方式，推动政府治理现代化，让政府在经济社会发展中恰当地、更好地发挥作用，弥补市场失灵，保障和促进现代市场经济有效运转。[②]

政府治理现代化是国家治理现代化的核心内容。国家治理体系和治理能力是一个国家制度和制度执行能力的集中体现。在中国，国家治理体系是在中国共产党领导下管理国家的制度体系，包括经济、政治、文化、社会、生态文明和党的建设等各领域体制机制、法律法规安排，是一整套紧密相连、相互协调的国家制度。其中既包括正式制度，也包括价值观念、道德伦理观念、意识形态和风俗习惯等非正式制度。国家治理能力则是运用国家制度管理整个国家

---

① 类似的情形在不少国家出现过。发展经济学论述国家作用的重要依据亦在于此（参见斯蒂格利茨，2009）。国家在经济发展中的类似作用，实例可见日本、韩国等现代亚洲国家，以及德国近代时期的发展（参见青木昌彦，1998）。

② 中共十八届三中全会《决定》明确提出，要发挥市场在配置资源中的决定性作用，更好地发挥政府作用。

各方面事务的能力，包括改革发展稳定、内政外交国防、治党治国治军等各个方面。[①] 在国家治理中，政府治理居于重要地位，政府是治理国家的最重要组织，是国家治理的大脑或灵魂。[②] 推动国家治理现代化，首先是把政府改革作为重中之重，全面审视政府在经济社会发展中的作用，改进政府运行方式，重塑政府，重塑发展的动力机制、经济社会治理机制，推动政府治理现代化，用现代理念、现代技术改造政府组织、政府理念、政府运行机制，建立人民满意的现代政府。

现代政府发轫于近代资产阶级革命，逐步发展而在二战之后成型。从一些典型国家的实践和有关研究成果看，现代政府是以市场经济为基础、社会为取向、法律和民主为原则建立的关于政府职能责任与职责履行的制度和机构体系。[③] 中国现代政府构建的主要内容应包括如下几个方面。一是建立有限政府，政府不再是无限责任、父爱主义的，而是有限责任，有限职能，推动全能政府部分职能社会化，向市场放权，向企业放权，向社会放权，向人民放权。二是建立法治政府，依法行政，公正执法，法无授权不可为，让公权力得到约束，人民权利得到保障，保证政府管理的主体合法、内容合法、程序合法、执行依法。三是建立民主政府，从制度上保障人民主体地位，政府决策程序、决策目的符合民意，以政务公开为重点，落实和保障人民群众知情权，让人民群众充分了解政府工作，建立

---

① 习近平：《切实把思想统一到党的十八届三中全会精神上来》，见习近平，《谈治国理政》，外文出版社 2014 年版，第 91 页。

② 霍尔特：《现代政府原理》，上海社会科学出版社 2016 年版，第 1 页。

③ 朱光磊：《现代政府理论》，高等教育出版社 2006 年版，第 434 页。魏健馨：《宪政理论视野下现代政府制度研究》，人民出版社 2012 年版，第 31 页。

人民监督政府、参政议政的体制和机制。四是建设责任政府。政府必须履行好法律赋予的职责，信守承诺，落实责任。政绩考核必须更加注重法定职责的履行，健全政府公共责任体系，建立"以结果为中心"的绩效评估标准体系，对政府履职情况进行有效监督。五是建设服务政府。政府服务是公平公正的、高质量的、与群众需求有效对接的，建立服务承诺制度，明确面向服务对象的结果导向目标，完善诉求表达和实现机制，规范服务，规范流程。六是建设高效政府。精简政府机构，整合部门职能，减少行政层级。优化工作流程，完善政务沟通协调机制，加强电子政务建设，推动政府信息化建设，建立高效政务服务体系，健全服务标准，提高服务效率。推动政府职能行使市场化。在行政过程各个环节，充分利用政府购买服务、特许经营等市场化手段。七是建设廉洁政府。为官清正廉洁，强化行政权力制衡，防止权力独大甚至独断，把权力关进制度的笼子里。强化制度建设，把权力运行置于人民监督之下，推动政府行为透明化、阳光化。打造职业化的公务员队伍，构筑健康的行政生态和官场文化，建立科学有效的选人用人机制和激励机制。

第二节　政府改革的基本维度

研究政府改革，可以从不同维度出发。中国的政府改革是一个系统工程，涉及经济社会的各个方面，我们将从政府与政府的关系、政府与市场的关系、政府与企业的关系、政府与社会的关系、政府与公民的关系等基本维度出发，研究协调推动重点领域和关键环节的改革策略。

一、明晰政府职能，重塑政府运行机制

政府与政府的关系，主要包括中央政府与地方政府的关系、政府运行机制等方面的内容，改革的重点是厘清政府各层级的职能界定和职责履行。

（一）厘清中央政府与地方政府的职能责任

处理好中央政府与地方政府之间的关系，重点是厘清各层级政府的职能，实行事权与财权相匹配，相应明晰政府职责权限。完善不同层级权力配置，明确划分中央与地方事权，区分共同事权、专有事权和委托事权，明晰各级政府的财政事权和支出责任，减少中央政府与地方政府的职责同构。不同层级、同一层级不同环境下的政府具有不同的职责，打破发展主义政府层层追求 GDP 增长、经济发展的传统做法，彻底解决"一刀切""切一刀"难题，消除一管就死、一放就乱问题。

政府间事权划分，不仅要明确划分政府间的具体事权，还要清晰界定事权的决策、执行、监督等具体职责。按照中央和地方的职能分工，涉及事权决策和监督的职责应适当向中央或者省级政府倾斜，支出责任相应适当上移，事务的具体管理、执行应主要由市、县两级政府负责。具体来说，中央政府职责重在制定各项规则、标准，承担全国性公共产品的支出，并对地方政府履行事权进行监督；省级政府拥有一定决策、监督职责，同时在一些重要公共产品领域也要承担管理职责与支出责任；市县政府职责重在事权的执行、微观管理以及辖区内基本公共服务的提供。[①]

　　界定不同层级、不同地方的政府的职能，需要加快建立现代财政制度，进一步明确各级政府的具体分工和支出责任。构建完整的地方税体系，完善转移支付制度，加大财政转移支付力度。赋予地方更多自主权，将地方性的公共服务职能划归地方，更方便快捷地为当地居民服务。鼓励地方根据当地经济社会发展状况，合理设置机构，包括综合设置党政机构，推动政府与党委机构职能整合精简，压缩人员编制，提高效率，形成管理合力。改进政府目标考核方式，面临不同任务的政府应有不同考核体系和考核方法。职能理不清楚，一味放权达不到目的，也容易导致该放的放不了，不该放的下放了，放下去也难以落地。

　　由此可能带来的后果，一是层级不同职能不同的政府可能会有不同的机构设置；二是不同级政府、不同地区的政府有不同的发展目标。三是相应层级与区域政府的运营权限也可能会有不同。这些问题可能与维护政府权威产生潜在的目标冲突，难以保持上下一致，政令畅通，不同层级政府之间的协调难度会增大。同时，职能与机构设置的差异，会导致公务人员规模出现差异，如何确保合适、合理规模，很难把握。通过设计不同的考核方案，这些问题可以得到合理的解决。

（二）重塑政府运行机制

　　政府运行机制，是指政府履行职能的方式，包括履行职能责任的程序、过程、行为等正式的制度规则和非正式的制度因素。改革

---

① 孙凤仪：《服务改革全局的政府间事权划分研究》（2017 年打印稿）。

的重点是明晰职责履行过程，提高效率。近年来，各地以"放管服"改革为重点，积极推动行政管理体制改革，取得了明显成效。但调研中我们也发现，在不少地方和领域，改革的协调配套、系统集成程度较差，改革"梗阻"现象比较突出。[①] 主要问题表现在以下几个方面。

一是流程再造亟待细化。行政审批制度改革中涉及的申请人关心的行政审批标准、条件、程序上的简化便利，在很多地方还刚刚起步，尚未取得实质性的突破。企业申请人在走程序时，仍然感到程序繁琐复杂，需要在审批上花费大量时间、精力和成本，出现看似改了很多，但获得感不足的情况，甚至对审批流程本身有很多不了解的地方。

二是政策设计与实施需要协调配套。一些改革政策虽然出台，但国家层面相关部门协调不够，与改革相关的配套措施跟不上，各自为政，部门之间改革措施步调不一致，改革措施难以落地实施。也有不少改革屡遇法律规章障碍，有些法律规章内容陈旧，不适合当前经济社会发展形势，成为阻碍改革的"红线""天花板"。例如，在科研制度改革方面，中办国办在2016年出台了关于完善中央财政科研项目资金管理的文件，就科研经费管理进行了改革，但因为有关部门相应的规章制度没有相应调整，改革精神很难落地实施，改革政策自然成为"画饼"。

三是政府管理创新能力偏低，甚至有些地方政府存在"不作为"现象。调研过程中不少企业反映，政府改革创新能力不强，部分政

---

① 孙凤仪：《国内典型地区行政管理体制改革做法和经验研究报告》（2017年打印稿）；
赵栩：《海南省行政管理体制改革调研报告》（2017年打印稿）。

策针对性和科学性不足。一些公务员服务意思薄弱，服务能力差，平庸懒散不作为问题突出。有些企业反映，现在政府门好进了，脸好看了，但事仍然难办，甚至更难办了，有权就"任性"问题依然存在。甚至有的政府部门或政府工作人员不讲法治，漠视企业权益，侵犯企业财产权。

重塑政府运行机制，重点是明确程序，规范过程，明晰机构和工作人员的责任，提高运行质量和效率。要以建立健全政府责任体系、权力运行和民主决策制度为重点，以政府职能行使市场化社会化和建立服务承诺制度为突破口，全面深入推进政府管理体制改革，建设人民满意的服务型政府。

专栏 1-1　天津"一枚印章管审批"

2014 年 9 月 11 日，国务院总理李克强在天津滨海新区行政审批局办事大厅见证了封存 109 枚审批公章，他拿起一枚作废公章说，这章做得多结实啊，不知曾经束缚了多少人！"1 枚公章取代 109 枚公章"是"真正的重大改革"，"你们用 1 枚公章，取代了过去 109 枚审批公章，这相当于为百姓办事减少了 108 道手续，为他们大大节省了精力、降低了成本。"

第一，推动政府职能行使高效化。一是明确政府责任和公务员责任，将为人民服务具体化，以人民为服务对象，切实推行行政问责制度，推广首问负责制，培养现代政府责任文化，构建现代政府责任制度。二是建立政府服务承诺制度，依法公开权力运行流程，设立部门职责履行的结果导向目标，实行限时办结制度。三是优化并公开政府行政管理流程和信息流程，进一步强化政务公开，推动行政审批流程再造，利用电子政务重组和优化政府业务流程，推广"一门式服务"。四是推动政府职能行使市场化，部分职能履行引入市场方式，利用市场手段，包括政府购买公共服务、实施特许经营制度等。

第二，推动政府治理法治化。一是完善宪法监督机制，审查法律法规、规范性文件、规章等是否合宪，切实实施依宪治国，强化对政府监督，强化公民的宪法权利的保障。二是全面深入落实依法行政，建立重大决策的合法性审查制度，推动决策程序法治化，决策行为依法合规。强化政府的产权保护和契约执行保护意识，建设诚信政府，消除"新官不理旧账"的失信现象。三是推行权力清单制度和负面清单制度，依法取消和严格管理一批不符合改革要求的行政权力，法无授权不可为。

第三，推动政府治理方式民主化。一是推动政府决策民主化，建立健全系统决策机制，由领导者内部决策转向依靠信息、智囊、监督等多系统支持的政府决策体系，防止"一把手"说了算。二是健全利益相关者参与机制，发挥协商民主的制度优势，健全畅通的利益表达和处理机制，扩大和增加公民有序参与的渠道，推动形成融合公民和各方利益主体诉求的公共政策。三是完善决策监督机制。建立权力协同行使的制衡制度，充分发挥人大、政协的作用，充分利用公共媒体和社会组织的力量，加大公民监督与舆论监督的力度，加强对政府的监督和权力约束。全面推动政府与公共机构信息公开，政府预算、重大发展改革项目、直接关系到人民群众切身利益的政策出台之前，要充分倾听群众的意见和要求，取得群众的理解和支持。建立绩效考评和评估问责制度，健全责任追究制度，明确追责主体和程序，明确责任主体。

要重视职业公务员队伍建设。建立一支廉洁高效的专业化公务员队伍，是提升政府治理能力的关键。邓小平曾指出，办好中国的事情，关键在党，关键在人。习近平强调，治国之要，首在用人。用错了人，好事也能办成坏事，而用对了人，能将坏事的负面影响降到最低。

要强化公务员的专业素质。现代经济社会分工越来越复杂细致，政府管理和决策越来越需要专业知识和经验，专家治国已经成为现代政府的潮流，"万金油式"的干部已成明日黄花。[①] 公务员队伍的专业化建设越来越重要。要形成透明科学的纵向流动机制，加强公务员职业规划，提升职业认同感，进一步打通公务员职业通道，让实干者进阶有梯。要健全公务员管理机制，形成激励与约束相匹配、自主性和自觉性相结合的运行机制，优化聘任制公务员合同管理、职业年金、社会保障等制度，建立合理的容错机制，形成既有约束又有活力的格局。

二、规范市场环境，优化政府规制

政府与市场的关系，是市场经济的一个永恒命题。从亚当·斯密的"看不见的手"，到李斯特的国家保护和国家干预；从凯恩斯主义的政府干预，到新自由主义经济理论的市场化，理论争论不休。从全球主要市场经济体的实践看，各国实践各有不同。总之，处理政府与市场的关系，没有一劳永逸的解决方案（参见沃尔夫，1996；

---

① 例如，有的学者提出，"如果我们企望一种事先就考虑得面面俱到的'理性社会'，那就只好求助于专家，把我们自己托付给他们"（萨托利，1998，第 489 页）。

斯蒂格利茨，1998）。中国深化经济体制改革的核心是处理好政府与市场的关系，向市场放权，发挥市场在资源配置中的决定性作用，纠正政府失灵，同时，完善政府对市场的治理，优化政府规制，更好地发挥政府作用，弥补市场失灵，增进市场的功能。处理好政府与市场的关系，重点是把握好竞争与规制的平衡。

第一，进一步解放思想，把市场力量放在首位。处理好政府与市场的关系，基本的出发点是相信市场机制，相信市场力量，相信市场经济是配置资源的最优方式。我们在一个较长的时期内把计划经济视为社会主义特征，思想上不相信市场的力量，不相信市场经济体制，信仰政府的力量。至今为止，不少人仍然闻市场缺陷而幸灾乐祸，见政府干预而欢呼雀跃；对发挥市场决定作用淡然处之，对发挥政府作用跃跃欲试、趋之若鹜。改革的关键是相信市场，依靠市场，切实让市场在资源配置中发挥决定性作用。不要政府干预的市场原教旨主义设想在现实中是行不通的，但同时需要明确的是，政府对市场失灵的任何干预或弥补，都不是要替代市场，而是增进市场的功能，让市场能够更好地发挥作用。要化解市场失灵，更要重视防范和化解政府失灵。任何强大的技术都无法取代制度的力量，无论是计算机还是互联网，都无法动摇市场机制在资源配置中的地位，无法匹配市场配置资源的效率。

第二，突出经济自由，建立和维护公平竞争的市场秩序。市场经济的良性运转需要一个规范有效的市场。政府要优化规制，平等对待各类经济主体，保护各类经济主体的产权，保障经济主体的进入退出自由和交易自由，防范公权力不法侵犯，在全社会营造契约精神。深化商事制度改革，提升服务规范化和便利化水平，充当"市场中立者"或"亲市场者"。市场政策的制定要充分考虑各类经济主体作为利益相关者的利益平衡。建立健全公平竞争审查制度和工作机制，强化竞争政策的基础地位，消除妨碍市场正常运转的各种障碍，清除市场壁垒特别是行政壁垒，弥补市场失灵，增进市场运行效率。把反垄断放到更加突出的位置，破除行政垄断、行业垄断，推动基础产业、能源行业改革，推动资金、土地、劳动力等要素市场和电力、石油等重要资源产品价格的合理化，把市场价格搞对，实现生产要素市场化配置。同时，完善政府对新兴市场、新兴产业、新兴技术领域的规制，打破和消除技术垄断、信息垄断、大数据资源垄断，防止赢者通吃现象发生。建立有效的劳动力横向流动和纵向流动机制，消除不利于劳动力自由流动的制度壁垒。

第三，突出放松规制，减少政府对资源的直接配置，压缩政府配置资源的自由裁量权。明晰各级政府的事权和财权，改变发展主义政府的传统做法，减少政府直接投资的规模和范围，构建规范透明的预算制度，推动政府收入和支出阳光化。扩大公平竞争范围，大幅度压缩产业政策的适用空间。[1] 消除地方保护主义，清理一切妨碍市场竞争的政府干预，包括招商引资给予的土地、税收等优惠政策。推动政府部分职能履行市场化，将市场力量引入政府内部，部分职能按市场原则履行，由社会各方主体参与，推动消除政府失灵。[2] 例如，将部分公共服务通过分包、PPP模式，由社会第三方提供，政府采取购买服务的方式。

第四，推动市场监管现代化。改革开放 40 年，中国经济社会发生了翻天覆地的变化，走过了一些发达国家百年发展历程。衣食住

---

[1] 参见斯蒂格利茨，2009 年，第 399—401 页。

[2] 引入市场原则、企业运行规则改革政府，是近年来世界上很多国家的做法（参见奥斯本和盖布勒 2013）。

行条件和工作条件迅速改善，家用电器迅速普及，人均寿命大幅度提高，贫困发生率大幅度降低。但与此同时，一些发达国家上百年间出现的问题也在中国 40 年里集中爆发，假冒伪劣、商业欺诈等等不一而足，市场监管责任繁重。21 世纪初波及全球的金融危机、近年来令人吃惊的日本钢铁企业和德国汽车企业的质量问题，都表明当前全球市场监管体制亟待变革。在向各类经济主体提供经济自由、产权保护的同时，政府要完善规制，推动市场监管现代化，防范和消除经济主体之恶。针对不同的市场，分别建立综合的或专门的监管体制。充分运用互联网、大数据等现代技术手段，推动信息集成共享，创新监管方式和监管工具，提高监管效率。推动社会信用体系建设，强化经济主体的自我约束，推动形成有利于非人格化交易的契约精神。发挥社会各方面力量的积极性，特别是发挥行业商会协会、工会、消费者协会以及环保组织等社会组织的监督作用，借助媒体包括自媒体的力量，发挥千千万万普通公民的作用，推动信息公开，鼓励媒体力量介入重大案件深度调查，推动形成政府、企业、居民共同治理的格局，保护生产商正常利益、劳动者权利和消费者权益。

三、构筑社会共治的体制机制

改革政府，推动社会治理现代化，实现善治，是推动国家治理现代化的重要内容。社会是共同生活的个体通过各种关系即各种社会组织联合起来的集合，这些社会组织包括家庭、氏族、社团、行业协会等。处理好政府与社会的关系，重点是把握好社会组织自主和秩序的平衡。

第一，推动形成自主、自立、自治的社会组织。在计划经济体制下，国家力量强势侵入社会各个领域，政府全面支配社会，形成了全能型国家、全能型政府、总体性社会。改革开放以来，随着经济社会主体多元化格局逐渐形成，社会组织也逐渐成型。处理好政府与社会的关系，一个重要选择就是政府退出全能型，不再替代社会，向社会组织赋权。积极培育社会组织，推动社会组织自主、自立，将社会治理的部分政府职能社会化，交给协会、商会以及其他从事社会服务的机构。加强社会组织法制建设，推动建立反映新兴阶层、弱势群体利益诉求的组织，包括反映农民工诉求、帮助农民工解决困难的组织机构。完善社会组织发展支持体系，包括政府购买服务的体制机制、税收优惠政策。同时，推进社会组织信息公开和信用体系建设，健全社会组织综合监管体系，加强对社会组织的社会监督，推动形成善治的社会秩序。

第二，推动社会治理现代化，创新民主政治建设。从全球看，现代社会治理的潮流是从管理走向治理，形成社会共治的治理机制（参见俞可平，2015）。社会良好秩序的形成，一方面要求政府在社会治理中发挥主导作用，从事管理、服务等多方面的工作，对社会组织、基层自治组织等进行指导、培育和规范，激发社会力量的活力；另一方面需要社会力量积极参与公共生活，依法进行自我管理、自我服务、自我教育和自我监督，并对政府工作进行协助和监督。强化社会组织的公共治理功能，将社会组织代表的利益群体的公共事务管理部分地交由社会组织自治管理，推动政府职能部分社会化，向社会组织增权或赋权，从成熟的社会组织做起，让渡部分政府权威，推动形成共同治理格局。推动社会组织去行政化，完善全国性行业组织"脱钩"后支持政策，赋予其行业技术标准制订、必要的从业资格认证等职能。推动工会、妇联、共青团等群众组织去行政化。对于社会组织难以履职、发生失灵的部分公共领域，由政府接手，负责治理，包括社会公共服务均等化、不平等问题的解决。

完善社会基层治理是近期推动社会治理现代化的重点。着力培育基层自治能力，加强基层民主建设。推行社区公共服务事项准入制度，凡属于基层政府及其职能部门、派出机关职责范围内的事项，不得转嫁给居民委员会；凡依法应由居民委员会协助的事项，应为居民委员会提供必要的经费和工作条件；凡委托居民委员会办理的事项，应实行权随责走、费随事转。[①] 在农村基层社会治理中，可建立政府性的跨村或村级公共服务中心，由政府招聘专职的社会工作人员，专门承担政府性的公共服务和社会管理事务；村民自治组织专事村级自治事务，同时，村民自治组织及村民对公共服务中心的工作情况进行评议和监督。发挥共青团、妇联等团体的作用，指导协助基层自治组织开展活动。合理考量行政"退权"与自治"增权"的操作尺度，实现基层社会不同治理主体间的良性互动。推动社区自治主体由单一向多元转变，自治手段由简单向复合转变，自治目标由行政管理向民主自治转变。[②] 在社会自治的基础上，逐步推动更大区域的自治，推动乡镇政府乃至县级政府选举方式改革，丰富民主形式，健全社会主义民主制度，保障人民当家做主。

第三，畅通社会利益诉求机制和社会矛盾治理体制，健全社会矛盾和群众利益表达与矛盾调解机制。进一步增强人大、政协、人民团体的利益表达功能。提高政府决策和管理活动的透明度，完善公众特别是社会组织参与机制和程序。建立人大代表、政府官员定

---

① 詹成付：《关于在社区建设背景下城市居委会建设中的若干问题研究》，民政部网站，http://zqs.mca.gov.cn/article/sqjs/llyj/201010/20101000110578.shtml。

② 参见胡杰成：《我国社会治理体制改革面临的挑战、问题与对策》（2018 年打印稿）。

期接待日制度，听取群众诉求和呼声，征集民众参政议政意见，特别是注重征集整理工业化、城镇化和改革开放过程中出现的新的焦点问题，及时向相关部门反映，跟踪反馈处理结果，将接待日制度作为采集民意、上通下达、化解矛盾纠纷的重要平台，及时有效地把矛盾化解在基层。完善人民调解、行政调解和司法调解联动工作体系。建立心理危机干预预警机制和心理医疗服务体系，加强对一些特殊人群的心理疏导和矫治。

第四，健全社会主义核心价值体系，培育社会价值观。社会价值观，是社会的共有信念，是国家的意识形态，是国家认同的核心组成部分。国家意识形态对于国家权力的巩固、社会矛盾的协调和民族矛盾的和解具有非常重要的作用。所有现代民族国家，都有意识地运用语言政策、正规的教育、公共仪式和大众传媒，对人民起到整合作用，保证人民的认同和忠诚。[①] 社会中的个人隶属于某一个社会组织，都得到某种传承，有集体意识。要培育健康的集体文化，包括政治生态、企业文化、乡规民约。政府、企业、社区、民间团体等，在培育自身文化时，要融入社会主义核心价值观，培育个人的归属感，增强公民对国家和社会的融入与认同，公共教育领域尤其要强化集体意识、国家认同。英雄人物、共同的节日包括春节放鞭炮仪式，都是一种传承，是集体意识的一个重要组成部分。

第五，坚持法治与德治相结合。法律是准绳，道德是基石，建设法治中国，必须将依法治国和以德治国密切结合起来，使法治与德治在国家治理中相辅相成、相互促进，共同构成社会治理的基础。

---

① M. Schudson 1994, Culture and the Integration of National Societies（1994），参见米格代尔（2001）2013，第 265 页。

坚持依法治理，维护法律的尊严和权威，运用法治思维和法治方式化解社会矛盾，提高社会治理水平。同时，强化道德约束，强化道德对法律的支撑作用，发挥优秀传统文化的道德教育作用，在道德体系构建中体现法律要求，强化对失德行为、败德行为的法律约束，规范社会行为、协调社会关系。

道德是基础，是共同行为规范，是非正式的制度安排，主要表现为乡规民约、民俗等，属于社会治理范畴，治理的主体是各种社会组织。法律则是正式的制度安排，是国家强制和认可的行为规范，明确道德秩序失序后的治理，属于政府治理的范畴。发挥社会共治，就是将两者有机结合，明确道德规范，强化道德约束，对失德行为，上升到法律层面的由政府出面解决，在社会层面的，由不同的社会组织出面解决。例如，行业协会对会员企业的失信行为可以给予曝光处理，从而推动社会征信体系建设。

四、保障人民权利

处理好政府与人民的关系，重点是把握权利与约束的平衡。政府是人民的政府，代表人民行使公共权力。主权在民、人民拥有政治主权的思想可以追溯到近代的洛克、卢梭等思想家，近现代很多思潮包括空想社会主义也有此类主张。从美国1776的独立宣言和法国大革命时的人权与公民权宣言算起，近现代越来越多的国家都倡导主权在民，到目前，世界上几乎所有国家的宪法都强调人民的权利。《共产党宣言》明确指出："无产阶级的运动是绝大多数人的，为绝大多数人谋利益的独立的运动。"中国共产党人一以贯之地坚持人民的主体地位，以人民为中心。毛泽东早在延安时期就明确强调要为人民服务。中共执政后，中国的政府称为人民政府。中共十九大提出，要不忘初心，以人民为中心，建立人民满意的服务型政府。2018 年新修订的宪法明确规定：中华人民共和国的一切权力属于人民。政府治理现代化，核心要义之一就是要把主权在民、为人民服务作为基本的出发点和落脚点。

处理好政府与人民的关系，第一，确保宪法规定的公民的权利得到落实，特别是公民的人身自由、财产权、发展权等权利，给人们以享受创造美好生活的权利和追求中国梦的稳定预期。在计划经济体制下，居民最基本的职业选择自由、迁徙自由都受到限制。改革开放以来，特别是近年来，政府还权于民力度很大，取消了上百种就业资格审查，户籍制度改革步伐加快，群众的就业、迁移自由得到很大保障。要进一步还权于民，在城市落户条件、就业条件、社会保障异地落地等很多方面，进一步清除妨碍人民权利行使的各种体制机制障碍。

第二，改革司法制度，保障司法公平，执法公平，保障公平正义。保障人民群众的人身安全。落实中央依法保障产权的文件精神，保障居民的财产权，让群众大胆创造、安心享用，增强创造财富的信心和预期。

第三，切实实行社会主义协商民主制度。推动政府行为公开化，决策透明，政务信息公开，把权力关进制度的笼子里，政府接受人民的监督，特别是在资源配置和人事安排方面。切实落实人民主体地位，实行广泛的多层次的制度化的协商民主，确保人民深度地参政议政和监督政府运转，增强执政合法性，防范和化解社会风险。建立人大代表、相关政府官员与人民群众的定期联系制度，把倾听群众呼声、回应群众诉求、满足群众需要放在突出位置，坚决防止形式主义、官僚主义，消除在需要投票时临时把群众唤醒、投票结束后让群众长期休眠的现象，消除"塔西佗陷阱"现象。

第四，加强权益保护和思想道德建设。作为一个普通社会成员，要有一个国民应有的责任和担当。家国情怀，不是对优秀人物的要求，而是对一个社会成员的基本要求，应成为人民自觉的自我约束。要培养独立的人格，明晰权利和义务，在维护个人权利的同时，有义务维护国家统一和民族团结和谐。人民首先是一个责任主体，不仅要履行法律规定的应尽责任，还要履行道德上应尽的责任，有权利有约束，在行使权利的同时，自觉把握个人权利的边界，不侵犯他人的权利。

第三节　推动重点领域配套改革

推动政府治理现代化，不仅要改革政府自身，还涉及与政府治理相关密切的重点领域的配套改革。在今后一个时期，要重点推动三个重点领域的配套改革，一是改革国有企业，二是改革事业单位，三是建设兜底兼顾发展的社会保障体系，建设适应中国国情的福利社会。

一、强力推动国企混合所有制改革

国有企业是政府配置资源的重要抓手，也是政府调控经济的重要工具，国企改革实质上是政府改革的有机组成部分。改革政府，必须改革国企。目前，中国国有企业资产达150万亿元，规模庞大，数量众多，在整个经济中占有十分重要的位置。国企存在的信贷资源错配和低效率，严重影响了经济发展。据测算，每年改革国企

10%，经济增长率可提高 0.5%（参见许召元，张文魁，2015）。改革国企，完善政府对国企的治理，对于经济转型发展，对于建设现代政府和推动国家治理现代化，具有十分重要的意义。

第一，明确国有企业的定位。马克思曾经设想，未来社会是自由人的联合体，取代资本主义私有制的是公共的、集体的所有制，其实质是，"在资本主义时代的成就的基础上，重新建立个人所有制"。[①] 对于未来社会所有制的具体形式，马克思、恩格斯并没有明确描述。列宁强调要占领"制高点"，控制经济命脉部门，但他从未将国有制、国有企业作为社会主义的特征。列宁曾经对社会主义下了一个经典的定义，"共产主义就是苏维埃政权加全国电气化"，社会主义就是"苏维埃政权 + 普鲁士的铁路秩序 + 美国的技术和特拉斯组织 + 美国的国民教育等等等等 ++ 总和 = 社会主义"[②]。把国有制（全民所有制）、计划经济作为社会主义基本特征的，是斯大林经济学。[③]

从实践看，国有企业并不是社会主义国家特有的。中国古代就有官办企业，法国等很多现代国家出于种种考虑，也建立了国有企业。一些发展经济学家针对发展中国家缺乏企业家人才、缺乏资源动员能力等状况，曾强调要搞国有企业（参见斯蒂格利茨，2009）。

总之，无论从理论上还是从实践上看，国有企业都是国家推动经济社会发展的一种手段，是国家调解社会矛盾的一个重要策略。国有企业存在与否，都无关社会主义本质，更无关中国特色社会主义的本质。中国特色社会主义的本质特征是中国共产党领导，舍

---

① 马克思：《资本论》第一卷，第 24 章。
② 列宁：《〈苏维埃政权的当前任务〉一文的几个提纲》（1918 年 3—4 月）。
③ 参见斯大林：《苏联社会主义经济问题》，马恩列斯著作编译局译，1961 年版。

此无他。[1] 任何企图把国企作为社会主义本质特征的观念，都只会阻碍国企改革，阻碍社会主义市场经济的完善。解放思想，实事求是，一切从实际出发，是中国共产党战胜一切困难的法宝。无论是民主革命时期，还是社会主义建设时期，都是如此。任何教条主义，都是对党的事业、改革事业的损害。中国共产党人坚持实事求是的思想路线，已经否定了计划经济作为社会主义特征。改革国企，必须坚持实事求是的思想路线，不拘泥于框框，不受教条主义束缚，以企业竞争力提高为标准，以人民美好生活为目标，改革一切不利于生产力发展的体制机制障碍。[2] 要从中国实际出发，进一步解放思想，不机械地简单地把国有制作为社会主义特征，改革国有企业不设框框，国有企业，如果需要的话，也只是社会主义的物质基础之一，是发展社会主义生产力的手段之一。

对于推进国有企业改革，习近平总书记提出三个"有利于"，即"推进国有企业改革，要有利于国有资本保值增值，有利于提高国有经济竞争力，有利于放大国有资本功能"。这为国企改革进一步明确了方向。贫穷不是社会主义，低效率也不是社会主义。[3] 没有效益的国企，没有市场竞争力的国企，再大也是泥足巨人，经不起风吹浪打。那些作为特权、腐败温床的国企，那些低效率的国企，那些

---

[1] 参见习近平：中共十九大报告，载《党的十九大报告辅导读本》，人民出版社 2017 年版。

[2] 习近平（2012）强调："只有解放思想，才能真正做到实事求是；只有实事求是，才能真正解放思想。"这充分论证了解放思想和实事求是的辩证统一关系，对国企改革具有特别重要的指导意义。

[3] 邓小平（1984）指出："贫穷不是社会主义"，"社会主义初级阶段的最根本任务是发展生产力，社会主义的优越性归根到底要体现在它的生产力比资本主义发展得更快一些、更高一些"。

凭借垄断力量侵犯消费者权益的国企，都只会损害中共执政党形象，损害政府威信。

第二，把产权制度改革放在更加突出的位置。有效的产权制度是市场经济有效运转的基石。完善产权制度，是经济体制改革的重点，更是国有企业改革的中心环节。要以混合所有制改革为突破口，明晰产权和产权履行机制。要按照党的十八届三中全会精神要求，加大国企混合所有制改革步伐，重点解决国有独资、一股独大问题。要切实推动国有大型企业股权多元化，积极引入战略投资者，引入民间资本，促进联合发展，实现互利共赢。在混合所有制改革中，不设股权比例限制，不坚持国有控股地位。要以激发企业活力、提高盈利能力为目标，积极探索多种经营形式，包括官办民营、设立特殊法人等等，并从财务监督等方面加强对国企的考核监管。对于在公共事业领域需要保持国有控股的企业，也要在其运营过程中贯彻商业原则，明晰企业责任，强化财务独立。所有国有企业都要制定服务标准，明确社会责任，建设人民满意型企业。推动部分国有股权划转社会保障基金管理机构持有。通过基金委托管理，提高公司治理质量，推动企业提高效益，增强活力。同时，籍以部分解决养老金不足问题。在知识资本依赖性强的企业，在中小企业，积极推进管理层和员工持股制度，不设股权比例限制，对于管理人员在内的职工个人持股，也不设股权比例限制。

第三，调整国有资本战略性布局。从有关经济社会发展的方向出发，从国有资本总体长期回报出发，优化国有资本布局，增强国有资本的流动性。在具体行业，到底应做多大，摆布多大规模国有资本，视行业发展情况而定，视经济社会发展需要而定，不预设框框。加快推进国有企业分类改革，竞争类国有企业要加快推进混合所有制改革，成为真正的市场竞争主体，公益类国有企业要构建服务标准、财务标准。加快国有经济布局调整步伐，将国有经济集中在军工、重要基础设施、重要公共产品提供等少数领域。通过股权转让、资产变现等方式，推动国企股权多元化，并部分解决地方政府债务问题。对于央企改革，建议在集团层面加大改革力度的同时，结合打破垄断，加快能源、电信等行业体制改革，放宽准入，鼓励社会资本进入。同时，将部分中央企业分立、分拆，或将其部分股权划归地方，或充实地方社保基金，增强改革动力，借以推动央企重组，推动央企与地方经济对接。鼓励地方政府根据当地经济社会发展需要，自主选择地方国企改革方式和国有资本配置格局，建立容错机制，允许地方大胆试验、试点乃至试错。

第四，要按照公司法，完善公司治理结构。恰当处理党组织在治理结构中的地位。现代企业制度的核心是公司治理机制。要严格按照公司法要求，构造有效运作的股东会、董事会、经理层和监事会，强化独立董事、外部董事的作用，强化中小股东的利益保护。对于国有股独大的格局，可以采取部分股权转变为优先股的方式，防止一股独大带来的种种弊端。保护一切股东的利益，在经理层享有董事会授权、做出经营决策的同时，通过强化决策民主，通过发挥党委会、监事会监督作用，防止出现内部人控制问题。

第五，推动国资管理体制改革，恰当界定政府的作用。切实推动向管资本模式转变，把资本长期回报率作为核心指标。处理好政府与企业的关系，厘清政府职能边界，改变政府对企业的监管模式，对企业生产经营充分放权，建立重大投资、重大资本经营活动备案制度。在一股独大的情况下，可以将国有股权大部分转化为优先股，限制公权力干预。无论是地方国企还是央企，在一些关键领域，特别是涉及军工战略性、核心性技术，涉及重大民生的，还可以设立政府特殊管理股（"金股"），在外资并购或有不良行动人恶意并购时，政府保留最后的决定权。完善国有资本授权经营制度，探索国有资本投资、经营公司商业化运作模式。

第六，要加强企业家队伍建设。推动国企改革，激发企业活力和创造力，迫切需要一支政治上、业务上过硬的企业家队伍。要强化政治忠诚、事业忠诚，按照市场规律，深入推动国有企业去行政化步伐，建立健全职业经理人制度，构建长短期结合、多种报酬方式或补偿方式融合的激励机制。

与此同时，要为民营经济发展创造更加放心的环境。中国共产党的奋斗目标是人民对美好生活的向往，为此奋斗的一切力量都是党的依靠对象。民营经济为中国经济社会发展做出了重要贡献，毫无疑问是党执政的重要物质基础。要创新体制机制，建立健全负面清单制度，消除一切不利于民营经济发展的体制机制障碍，创造公平竞争环境，鼓励社会资本投资，鼓励民营企业参与国有企业改革，彻底消除"玻璃门""弹簧门"现象，充分释放和激发民营经济的活力。切实落实中共中央、国务院《关于完善产权保护制度依法保护产权的意见》，保护民营经济、公民的财产权，激发企业家精神，增强民营经济发展的预期，增强公民劳动致富的信心，让广大人民和企业家勇于创造，放心持有，安心享受。

二、改革科研事业单位治理机制

科研事业单位改革是政府改革的一个重要组成部分，完善政府对科研事业单位的治理方式，是政府治理现代化的重要内容。长期以来，政府对科研事业单位管理更多采取行政手段，科研事业单位行政化色彩浓厚。近年来，相关部门对科研事业单位的改革，做了大量工作，出台了有关方案，如进行分类改革。但到目前为止，事业单位行政化色彩没有发生根本改变，对于公益一类与公益二类单位究竟如何管理，没有相应的政策，各相关单位运作仍然沿袭过去的相关规定，制度上不确定。同时，大量科研事业单位尤其是部委下的事业单位很多属于社会科学研究型的，但大部未被划入"科研"类，与科技类的科研院所有不同的政策。中办国办50号文件对科研单位改革做出了明确规定，但对于这些社会科学研究单位基本没有产生积极影响。最后，行政机关与科研事业单位几乎严格隔开。事业单位永远是行政机关的"下属"单位，承担着行政机关需要的研究任务，但经费没有完全保障，而且也不参与决策服务，所以事业单位研究积极性、针对性都受到限制。

如果说第一轮改革改革了农村农业，解放了亿万农民的生产力，解决了食品短缺问题，第二轮改革改革了城市工业，解放了亿万工人的生产力，解决了消费品短缺问题，那么，迈向高质量发展阶段的第三轮改革就是要解放亿万知识人才（包括有知识的公务员、科研人员和工人、农民）的积极性，发挥知识资本的作用，[①] 解决产品、产业的升级问题，推动品质革命，其中就包括调动千百万科研人员包括社会科学研究人员的积极性和创造性，激发科研事业单位活力。因此，改革科研事业单位，重点是激发科研人员的积极性和事业单位的活力。

科研事业单位进一步的改革，第一，改革科研经费管理制度，积极探索事业单位的激励机制。明确科研事业单位和科研人员定位，

① 关于知识资本提升生产率的作用，参见哈努谢克，沃斯曼因，2017年。

按供给侧结构性改革的要求改革事业单位，特别是对涉及科研人员利益的财务、人事制度进行改革，搞对激励信号，激发科研人员的积极性、创造性。对事业单位分类管理，对于提供基本公共服务的事业单位，拨足经费，包括人头费和科研费，落实任务，严格目标管理。对于提供非基本公共服务的事业单位，要给予灵活的政策，鼓励其利用自有优势服务社会、服务企业，盘活人员、资产存量，增强服务供给能力，提高服务质量。探索科研经费一揽子管理办法，重结果不重过程，消除科研经费管理的繁文缛节和形式主义。我们强调用精神感召人，用事业凝聚人，也要重视用利益激励人，包括物质鼓励和精神鼓励，特别是物质鼓励。[①] 没有合适的报酬，就不可能留住人才，更留不住一流人才，建设一流智库。目前不少单位对科研人员"催活像赶驴似的，花钱像防贼似的"。科研人员普遍反映找钱不易，花钱更难，有时稀里糊涂地就被"问责""处分"，不解决这一问题，很容易损害科研人员的积极性和创造性。

第二，改革对科研事业单位的治理方式。大力推动去行政化，建立治理科学、运转高效的现代法人治理机制，探索理事会管理等多种治理方式。推动科研事业单位产权制度改革，鼓励社会资本进入，形成多元持股的混合所有制，或形成基金支撑的治理模式。对事业单位的研究成果采取购买公共服务方式，鼓励事业单位实行评聘分开制度，完善绩效工资制度，克服人浮于事、吃大锅饭的痼疾，形成能者上、庸者下、有利于人才辈出的机制。鼓励科研事业单位外聘专家和到社会兼职，形成科研人员、企业高管、政府公务员、

[①] 马克思曾经指出，"人们为之奋斗的一切，都同他们的利益有关"，参见《马克思恩格斯全集》(第 1 卷)，人民出版社 1956 年版，第 82 页。

退休知识人才的"旋转门"机制，让科研更加贴近改革与发展的实践，增强解决实际问题的能力。实行党政合一，将干部培养与党的基层组织建设结合起来，将青年人才培养与共青团活动、入党积极分子培训教育等常规活动结合起来，把党的建设、党风廉政建设与科研事业单位的智库建设、作风建设密切结合起来，避免"两张皮"现象，避免精力分散，避免产生"内耗"。

第三，为科研人员创造良好的创新环境。新时代需要大量的实干家，也需要深入研究中国实践、为国家经济社会发展出谋划策的思想者。"两个一百年"奋斗目标是前无古人的事业，中国特色社会主义国家治理现代化是前无古人的事业。站在新时代的起点上，必须有博大的胸怀，汲取人类社会一切优秀的文明成果。马克思主义是在批判地吸收包括空想社会主义、唯物主义、辩证法、古典经济学等思潮优秀成果的基础上发展起来的，习近平新时代中国特色社会主义思想是在汲取国内外优秀文明成果的基础上发展起来的。要解决未来发展的难题，同样需要百家争鸣，同样需要批判性地吸收一切文明成果，包括经济的、政治的、文化的成果。繁荣社会主义社会科学，推动建设一流智库，要树立道路自信、制度自信、理论自信和文化自信，坚持不打棍子，不扣帽子。要建立有效的知识产权保护制度，打击知识产权侵权、学术造假行为。同时，要为科研人员开展研究提供良好的便利条件。改革开放是中国富强之路，是实现中国梦的必然选择，同样也是学术繁荣、成就思想大家的必由之路。这与坚持党的领导，树立"四个意识"、坚持"四个自信"是统一的。

三、建立适合中国国情的福利社会

推动实现公平正义，是推动国家治理现代化，确保国家长治久安的重要基础。改革重点是强化政府提供公共服务的功能，着力满足公民的基本需求，兼顾一定的发展需要，建立托底的社会保障网，建设适应社会主义初级阶段、着眼社会主义现代化强国的福利社会。

建设福利社会，建立普适性的社会保障制度和多层次的社会保障体系。政府有责任维持居民最低的生活标准，提供资金和服务，同时鼓励和吸引社会资本，兴办各类社会福利机构和设施，完善覆盖全民、城乡统筹的基本养老保险制度、基本医疗保险制度和大病保险制度，完善失业和工伤保险制度，加快教育改革步伐。充分利用信息化手段，建立全国性的社会保险公共服务平台，加快数据集中和共享，推动社会保障保险服务的规范化和便利化。

多年高于国际公认警戒线的基尼系数、严重的社会不公、巨大的贫富差距、高昂的维稳费用，都表明中国迫切需要从重经济增长，转向以人民为中心的发展，转向经济社会融合发展。重塑政府与社会的关系，重点是全面深化社会领域的改革，把福利社会作为今后一个较长时期的主导性的社会政策，切实实现幼有所育、学有所教、劳有所得、病有所医、老有所养、住有所居、弱有所扶。建立福利社会，保障人民群众一定的生活水平和生活质量，实现发展成果由全民共享，有利于解决社会不公问题，实现公平正义，缓和与解决社会矛盾，保持社会稳定，实现国家长治久安；有利于更好地贯彻新发展理念，让发展成果更多更公平地惠及全体人民，更好地满足人民的美好生活需要；有利于解决消费动力不足问题，形成消费拉动型的增长模式，推动发展方式转型。

福利社会概念起源于欧洲，但类似的思想由来已久。早在古代，先秦儒家就提出"使老有所终""矜寡孤独废疾者皆有所养"（《礼记·礼运》）。在近代中国，孙中山的政治主张和革命实践都体现了建设社会福利制度的理想。在国外，古巴比伦王国《汉谟拉比法典》也强调保护孤寡，犹太教、基督教等教派所宣扬的博爱、助人、公平的宗教教义，都包含丰富的福利思想。在 18 世纪中叶以后的西方国家，伴随着工业化、城市化进程的加快，贫穷、伤残、失业、犯罪等社会弊病也日益严重，劳资冲突等社会矛盾加剧，一些有识之士积极探索解决办法，国家应当保障最低国民生活水平的福利观念逐渐形成。[①] 在 1943 年，处于二战战火之中前途未卜的英国探索建立福利制度，著名的《贝弗里奇报告》提出了建立福利制度的一系列设想，成为英国建立福利国家的基础，也成为二战之后很多国家构建福利制度的滥觞。

由此可见，福利社会概念来自西方，但决不是西方社会的独有名词，而是用以解决社会问题和社会矛盾的重要手段，是人类社会进步的标志。欧洲等发达资本主义国家多年来之所以保持社会秩序基本稳定，没有发生大规模的工人运动甚至工人革命，一个重要原因就是重视解决大众的福利问题，建立了福利社会，构造了社会稳定器。

福利社会是有弹性的、适度的，不是僵化的，也不能是财务不可持续的。福利社会模式在不同国家各有不同，即使在同一个国家，也不是一成不变的，不同国家、不同时期福利供给方式和规模差异很大。[②] 英国在 20 世纪 50 年代建成福利国家，在 70 年代遇到财政困难后，就改革福利制度，并逐渐削减福利的规模。希腊在 2007 年以后之所以陷入财政危机，一个重要原因就是其拥有过分慷慨的高

---

① 参见"福利社会_360百科"，"社会福利_互动百科"。
② 参见埃斯平－安德森：《福利资本主义的三个世界》，商务印书馆 2010 年中文版。

福利制度。中国所要建立的福利社会，应是适合社会主义初级阶段国情的福利社会，是适应经济社会转型和国家治理现代化的福利社会，不能超越发展阶段。要吸取西方国家"福利病"的教训，考虑经济发展的趋势变化，考虑到国家财政收入实力和增长潜力。①

建设福利社会，不是政府包打天下，更不是再造一个"大锅饭""铁饭碗"，养懒汉，养闲人，需要群众共同参与，不能置身事外。所有居民，包括农民，都要通过缴费、纳税等形式，向社会保障网建设出钱出力。鉴于我国长期以来实行低收入政策，可实行新人新办法、老人老办法，在农村也是如此。同时，推动社会共治，吸引社会资本参与社会保障网建设，在优化监管的基础上，发展商业养老保险、商业医疗保险，培养多元的福利提供主体。

建设福利社会，不会阻碍经济发展。相关研究表明，从长远看，高度完善的社会政策与经济效率之间存在着和谐共生的关系，大多数不重视社会政策的国家，其经济增长率都没有超过福利国家，缩减社会政策并不能保证得到较高的经济增长率。近年来，欧洲特别是南欧一些国家之所以遇到经济困难，不在于建立了福利制度，而在于其福利供应的规模和范围脱离了国情，财务难以持续，北欧国家并没有因为建立了福利社会而丧失活力。欧洲近些年推动福利制度改革和劳动力市场改革的政策取向，也说明了这一点。

建设福利社会，不能替代收入分配制度改革。福利制度属于二次分配，是国家调整社会关系、推动实现社会公平的一个重要手段，但解决不了一次分配中出现的所有问题。要改革收入分配制度，建立合理公正的一次分配制度。

---

① 参见郑功成：《中国社会保障 30 年》，人民出版社 2008 年版。

改革开放 40 年
中国经济发展系列丛书

第四节　改革推进值得重视的方法论问题

习近平总书记高度重视改革的方法论。近年来政府改革力度很大，但人民获得感仍然不够。究其原因，有改革顶层设计不到位，更有协调推进艰难。制度包括正式制度和非正式制度，政府体制变革是政府整个运行环境的变革，必须重视改革方法论问题，研究改革推进和政策落地问题，推动改革协调配套，系统集成。

第一，正确处理主要矛盾与次要矛盾。全面改革意味着需要解决很多矛盾，要抓住主要矛盾和矛盾的主要方面。在政府和市场这一主要矛盾中，政府是矛盾的主要方面。要咬定政府改革不放松。市场发挥决定作用是改革的试金石，其他工作以此为核心，坚持不动摇。在供给侧结构性改革方面，实际工作中不少做法仍以行政手段为主，尽管有时适度采取一些行政手段是有必要的，但是从长远看，从供给侧结构性改革的内在要求和目的看，建立"三去一降一补"的市场化长效机制才是符合改革要求的手段。更好地发挥政府作用，搞好宏观调控，基础的方面是弥补市场失灵，更好地发挥市场作用，而不是替代市场。

第二，加强改革的顶层设计和配套安排。统筹设计行政管理体制改革所涉及相关领域的配套支持政策，加强协同配套、系统集成，特别是对于重要领域的改革、先行先试的改革试点，在出台方案之前，在方案落地实施过程之中，相关部门要建立有效的、通畅的上下左右对口连接机制，重视改革方案协同，重视改革方案落实协调，做到无缝对接，防止因个别环节的配套措施不完善而影响整体改革的进程，防止改革部门化和碎片化，实现改革效果协调。

第三，处理好顶层设计与大众参与的关系。顶层设计不是少数人设计，更不是封闭设计。要开门搞改革，解放思想大讨论。要处理好框架设计与实施方案的关系，细节决定成败，顶层设计要落到实处，方案必须细化、可操作。同时，发挥基层创新性改革的积极性。顶层基本模式确立之后，更多鼓励地方改革创新，结合地方情况加以落地，围绕大众关心和期望，推出有利于提升大众获得感的改革。建立常态化的改革监督和评估机制，用改革方案设计的标准来约束地方对改革的实际落实，相应给予鼓励或惩罚。

第四，处理好改革突破与法治建设的关系。进一步完善法律法规，做好政策安排与法律法规、部门规章的衔接工作。对标改革要求，清理一切陋规。目前的不少法律法规是在多年前颁布实施的，已经不适应当前的改革发展形势，迫切需要做出适当调整和完善。一方面，要认真梳理各领域法律法规中阻碍改革推进的相关条文，考虑相关法律条文的关联性，提出统筹调整相关法律法规的方案，依照法定程序对这些法律法规进行修改完善。另一方面，还要解决好"依法改革"与"变法"的关系问题，建立授权进行改革的机制与法律体系。建立授权进行改革试验的机制，切实改变一些改革试验缺乏法律依据、师出无门的尴尬地位，扭转地方和部门改革频繁"踩红线""打擦边球"的无序局面，改变决策者、创新者害怕改革"试错"风险、不敢攻坚、不愿意真改的被动局面。[①]

第五，进一步建立改革容错与纠错机制。政府改革涉及利益广泛，不少部门缺乏改革担当意识，归根结底是担心一旦改革失败还

---

① 参见郭冠男：《制度供给方式与改革推进机制研究》（2017 年打印稿）。

要承担相关责任，这种"担心"的制度基础是缺乏改革容错与纠错机制。因此，在制度设计上，应在一定范围内，容纳改革可能出现的未造成太大损失的失误，对勇于作为的改革者确立一个兜底的保障机制，让勇于改革者大胆改革，让改革中的失误真正成为下次改革的成功之母。在完善容错机制的基础上，进一步强化改革担当意识，绝不能因为部门自身怕担责任而延误改革的最佳时机。

第六，恰当把握中国特色与普适性。全球的政府治理模式选择，政府改革，没有标准模式可选。中国的政府改革，推动国家治理现代化，首先要考虑的是中国经济社会发展态势，中国的历史文化传统，特别是中国特色社会主义这个最具中国特色的国情。全面深化改革的总体目标是完善和发展中国特色社会主义制度、推进国家治理体系和治理能力现代化。这两句话是一个整体，不可分割。国家治理现代化，是以坚持和完善中国特色社会主义为根本前提和目的，不是西方化，更不是资本主义化，要坚持道路自信、制度自信、理论自信和文化自信。同时，政府治理有其自身的内在特征，在政府组织、政府运行机制等方面，各国政府的运行机理有一定的共通之处。中国在政府治理现代化方面有很多不足，需要完善，因此不能固守传统的治理模式、发展模式、运行模式。要汲取世界上一切优秀文明成果、政府改革经验教训，审视全球治理改革视角下的重要的理论范式，辨别细微之处，既要明晰区别和争论焦点，也要重视理论范式的包容性。中国推动政府改革，推动国家治理现代化，必将带来经济社会发展更加繁荣，国家更加安定，人民更加幸福，推动早日实现"两个一百年"奋斗目标，并为全球提供带有普适价值的"中国方案"，推动构建人类命运共同体。

第二章 历史脉络：政府管理体制改革四十年

政府管理体制改革，是中国改革发展事业的重要组成部分，包括政府管理权力结构变革、政府管理组织机构调整、行政管理制度以及政府管理手段方式创新等。改革开放 40 年来，中国政府管理体制改革取得重大进展，人民群众从社会生活的点点滴滴都能感受到政府管理体制的深刻变化。

第一节 从办证说起，"放管服"让人民群众得到实惠

政府管理体制改革和人民群众的生活息息相关，关系到人民群众的切身利益。"我们一定要让企业和群众更多感受到'放管服'改革成效，着力打通'最后一公里'，坚决除烦苛之弊、施公平之策、开便利之门。"2018 年 3 月 5 日，李克强总理作《政府工作报告》时这样承诺。简政放权、放管结合、优化服务——本届政府成立以来，这项改革都为人民群众办事、创业、就业等提供了哪些便利？要说清楚这个问题，还要从最典型的"办证"说起。

办证，是所有人日常生活中都绕不开的一个话题。办证究竟有多难？说起这个根深蒂固的民生难题，可能很多人都有苦水要吐，在办证过程中出现的各种奇葩证明，挑战着人们的想象力与承受力。有人曾经统计过，一个人从出生到死亡需要办100多个证，如果办每一个证都要各有关部门开具各种看似合理实则根本不必要的证明，那么人们可能一辈子都要为办证而心力交瘁。

2015年4月，《人民日报》曾经刊发一篇题为《办"半个证"跑半个月》的文章，讲述了来自新加坡的叶先生与其中国妻子的西安"办证记"。丢失了结婚证的叶先生带着妻子持有的结婚证，备齐了所有所需材料，却被要求到社区开具夫妻关系证明，但曾经的居民楼早已拆迁不在。就这样，一对合法夫妻补办结婚证的进程就梗阻在了"夫妻关系证明"这一环节，跑断了腿也没办成。无奈之下，叶先生选择了投诉。其实，办证跑断腿的事情在中国当时比比皆是，可以说是"中国式办证"的常态。百姓对此也有诸多怨言，但情况始终不见好转。

"放管服"给办证带来极大方便。2016年，公安部等12部门联合出台了《关于改进和规范公安派出所出具证明工作的意见》，要求从2016年9月1日开始，公安派出所将不再出具20类事项证明，只要是身份证、户口簿、护照这些公民法定身份证件能证明的事项，公安派出所将不再出具证明。这无疑大大减少了办证需要提供的材料和办证的流程，给人们的生活带来重大改变。如果叶先生的"办证记"是发生在这个时点之后，办证带给他的可能就不再是烦恼，而是安心、欣慰和喜悦。

"放管服"给人民群众带来的好处不只是体现在办证上，办证感受从如履薄冰到如沐春风的转变，只是众多"好处"的全豹一斑。"放管服"让人民群众体会到哪些实实在在的利益？

很多行政审批成为"过去时"。近年来，国务院出台文件，先后分 10 批取消或下放国务院部门实施行政审批事项 658 项，分 4 批取消中央指定地方实施行政审批事项 295 项，分 3 批取消 323 项国务院部门实施行政审批中介服务事项，占原有 434 项中介服务事项的 74%，非行政许可审批彻底终结。

很多投资审批大"瘦身"。中央政府层面核准的企业投资项目削减比例累计接近 90%。

很多职业资格说再见。先后分 7 批取消了 434 项职业资格许可和认定事项，占国务院各部门设立的许可认定事项的 70%；正在制定国家职业资格目录清单，各地自行设置的职业资格许可和认定事项全部取消。

涉企收费更规范。2017 年 4 月，国家发改委等四部门联合印发《关于清理规范涉企经营服务性收费的通知》，自 2017 年 4 月 1 日起，取消或停征 41 项中央设立的政府管理事业性收费，同时将商标注册收费标准降低 50%；2017 年 6 月 7 日的国务院常务会议决定推出新的降费措施，要求兑现全年为企业减负万亿元的承诺。国务院主管部门要在 7 月 1 日前上网公布中央和地方政府性基金及政府管理事业性收费目录清单。

企业办事更便利。实行"多证合一、一照一码"，营业执照成为企业唯一"身份证"，统一的社会信用代码成为企业唯一身份代码，实现"一照走天下"；截至目前，本届政府已将全部 226 项工商登记前置审批事项中的 87% 改为后置审批或取消。

市场监管更科学。"双随机、一公开"监管改革，2016 年全面推开，目前已实现全覆盖，既让企业心存敬畏，又约束执法者监管行为；全国 13 个以上副省级城市、14 个地级市、23 个以上县，实行了市场监管综合执法，破解了多头执法问题，减轻了企业负担。目前，全国县级以上政府部门均已按要求拿出"一单、两库、一细则"，全部执法部门实现随机抽查事项"全覆盖"。

政务服务再加速。2016 年 9 月，国务院印发《关于加快推进"互联网＋政务服务"工作的指导意见》，对加快推进"互联网＋政务服务"工作做出总体部署；2017 年 2 月，中央编办等 5 部门印发通知，对加快政府管理审批中使用频率最高的公民、企事业单位和社会组织基本信息的全国共享提出明确要求；2017 年 5 月，国务院办公厅印发《政务信息系统整合共享实施方案》，提出促进国务院部门和地方政府信息系统互联互通的重点任务和实施路径。2018 年 5 月，中办、国办印发《关于深入推进审批服务便民化的指导意见》，推广"最多跑一次"经验做法，政府服务再加速，给人民群众带来实实在在的便利。

第二节　政府管理体制改革的历史演进

实际上，中国的政府管理体制改革并非始自本届政府，自 1978 年底，中国拉开改革开放历史序幕至今，伴随着经济社会的全面进步和社会主义市场经济体制的确立以及全方位开放的形成，中国特色社会主义政府管理体制不断变革与完善。40 年来，中国政府管理体制变革大体经历了三个阶段。

第一阶段：冲破高度集中的计划经济体制模式（1978—1992 年）。从党的十一届三中全会召开到党的十四大之前，主要是冲破高度集中的计划经济体制和行政管理模式，对完善中国特色社会主义政府管理体制进行积极探索。1982 年和 1988 年实施了两次集中的政府管理体制改革。1982 年进行的国务院机构改革，重点是适应工作重点转移，提高政府工作效率，精简调整机构。国务院机构改革完成后，进行了地方机构改革，重点是精简庞大臃肿的机构，克服官僚主义，提高工作效能。1988 年实施了新一轮政府管理体制改革，进一步转变职能，理顺关系，精简机构和人员，提高政府管理效率。总体上看，通过这一阶段的改革，初步摆脱了与高度集中的计划经济体制相适应的行政管理模式的羁绊，激发了经济社会活力，促进了社会生产力的解放和发展。

第二阶段：探索建立适应社会主义市场经济体制的政府管理体制（1993—2012 年）。从党的十四大召开到党的十八大之前，主要是按照发展社会主义市场经济的要求不断深化改革，政府管理体制改革取得重大进展。1993 年和 1998 年实施了两次集中的政府管理体制改革。1993 年国务院机构改革方案的主要内容：一是转变职能，推进政企分开。二是明确部门职权，理顺权责关系。着力理顺国务院部门之间尤其是综合经济部门之间以及综合经济部门与专业经济部门之间的权责关系，调整中央与地方权限。三是精简机构，压缩人员编制。1998 年改革的主要内容，一是进一步调整部门职能。二是进一步精简机构编制。

2002 年党的十六大以来，政府管理体制改革的主要任务是推进服务型政府和法治政府建设，政府管理体制改革全方位深化。重点围绕构建有利于推动科学发展、促进社会和谐的体制机制，着力进行制度机制创新和管理方式创新。主要包括：注重以人为本，促进经济社会全面协调可持续发展和人的全面发展；注重发展社会主义民主政治，大力推进科学民主决策，完善决策信息和智力支持系统，增强决策透明度和公众参与度；注重全面履行政府管理职能，强化社会管理和公共服务职能，加快以改善民生和公共服务为重点的社会建设，增强社会创造活力；注重规范政府行为，全面推进依法政府管理，加快建设法治政府；注重改进管理方式，推进政务公开和电子政务，探索实施政府管理绩效管理制度。党的十七届二中全会提出，到2020年建立起行政管理体制的改革目标。此后，政府管理改革和政府职能转变取得积极进展，在探索实行职能有机统一的大部门体制方面迈出新步伐，集中解决了在宏观调控、资源环境、市场监管、文化卫生等方面70余项部门职责交叉和关系不顺问题。

第三阶段：推进政府治理现代化（2013年之后）。这一阶段政府管理体制改革的主要任务，是推进简政放权、放管结合、优化服务等改革，政府管理体制改革向纵深推进。党的十八大以后，中国进入全面建成小康社会的决胜阶段，党的十八届三中全会明确了全面深化改革的总目标：发展和完善社会主义制度，着力推进国家治理体系和治理能力现代化。必须切实转变政府职能，深化政府管理体制改革，创新行政管理方式，增强政府公信力和执行力，建设法治政府和服务型政府。主线是深入推进政企分开、政资分开、政事分开、政社分开，持续推进简政放权、放管结合、优化服务等改革，建设职能科学、结构优化、廉洁高效、人民满意的服务型政府。

特别需要指出的是，党的十九大以来，政府治理现代化进程明显加快。2018年3月13日，十三届全国人大一次会议第四次全体会议，听取了国务院关于机构改革方案的说明。此次国务院机构改革方案的鲜明特点就是以国家治理体系和治理能力现代化为导向，推动国家机构职能体系的全方位优化和重构。按照笔者的理解，此次国家机构改革，除了突出党的全方位领导外，至少还有五大看点。

一是本轮国家机构改革的视野宽、站位高，是改革开放以来一次国家机构职能体系的全方位优化和重构。与以往 7 次机构改革的起点不同，本次机构改革，不局限在国务院或者政府管理层面的机构改革和职能优化，而是涉及党、政府、人大、政协、司法、军队、事业单位、群团、社会组织等全方位的机构改革。这种重构，以国家治理体系和治理能力现代化为导向，以推进国家机构职能优化协同高效为着力点，改革机构设置，优化职能配置，深化转职能、转方式、转作风，提高效率效能，为决胜全面建成小康社会、开启全面建设社会主义现代化国家新征程、实现中华民族伟大复兴的中国梦提供有力制度保障。改革后，国务院正部级机构减少 8 个，副部级机构减少 7 个，新组建或重新组建自然资源部、生态环境部、农业农村部、文化和旅游部、国家卫生健康委员会、退役军人事务部、应急管理部、科学技术部、司法部、水利部、审计署；不再保留监察部、国土资源部、环境保护部、农业部、文化部、国家卫生和计划生育委员会；除国务院办公厅外，国务院设置组成部门 26 个。国务院行使的职权少了"监察"，但是国务院之外另设立国家监察委，实际上是更加强化了监察职能。本轮改革力度之大，覆盖之广，前所未有。

二是本轮国家机构改革的目标明确，路径清晰。形成职责明确、依法行政的政府治理体系是《中共中央关于深化党和国家机构改革的决定》提出的党和国家机构改革目标之一。此次国家机构改革方案，就是要聚焦发展所需、基层所盼、民心所向，按照优化协同高效的原则，既立足当前也着眼长远，优化国务院机构设置和职能配置，理顺职责关系。改革方案中减少机构数量，简化中间层次，减少多头管理和职责分散交叉，有效地避免政出多门、责任不明、推诿扯皮的现象，让权力配置更科学，机构设置和职能配置进一步优化，相关机构配合联动更加顺畅高效，形成科学规范、自上而下的高效率组织体系，全面提高国家治理能力和治理水平。通过改革，国务院机构设置更加符合实际、科学合理、更有效率，必将为全面贯彻落实党的十九大部署的各项任务提供有力组织保障。

三是本轮国家机构改革体现出系统性改革、结构性优化和整体性推进三大特征。所谓系统性改革，就是从改革的顶层设计上，强调国家机构设置、职能配置的统筹性和系统性，最大限度地避免孤军深入、单打独斗式的改革，"按下葫芦浮起瓢"的现象，从而陷入机构、人员越减越多的怪圈。所谓结构性优化，就是要国家的机构职能配置，作为一个整体进行重新优化配置，防止政府机构职能重叠交叉、设置不够科学、权责脱节等问题，从而提高国家机构运行效率。因此，本轮改革，首先要将那些机构职能相近的机构进行必要的合并或者合署办公，在系统内部，用大部制的思维进行机构、职能的优化组合。如，方案提出，将国家粮食局的职责，国家发展和改革委员会的组织实施国家战略物资收储、轮换和管理，管理国家粮食、棉花和食糖储备等职责，以及民政部、商务部、国家能源局等部门的组织实施战略和应急储备物资收储、轮换和日常管理职责整合，组建国家粮食和物资储备局，由国家发展和改革委员会管理。所谓整体性推进，就是由于本轮国家机构改革涉及面广，具有全局性，因此，在实施过程中必须遵循分步实施、整体推进的改革策略。部分改革方案在"两会"上通过后，首先会在中央和省级层面进行实施，待上面的改革基本完成后，将在地市、县、乡镇等层面全面推开。这样的改革推进策略也体现出"稳中求进"的原则。

　　四是本轮国家机构改革坚决落实以人民为中心的发展思想，将增进人民福祉、促进人的全面发展作为出发点和落脚点。让人民群众过上好日子，是我们一切工作的出发点和落脚点。此次国务院机构改革中，涉及完善公共服务管理体制改革的内容，从推进基本公共服务均等化、普惠化、便捷化，推进城乡区域基本公共服务制度统一方面入手，必将让公共服务管理更加高效便民。在国务院机构改革方案中组建了农业农村部，这为实施乡村振兴战略，为解决农业农村农民这个关系国计民生的根本性问题强化了机构职能保障。组建国家卫生健康委员会，不再保留国家卫生和计划生育委员会，不再设立国务院深化医药卫生体制改革领导小组办公室。在机构改革指引下，卫生工作将从以治病为中心转变为以人民健康为中心，部门之间将更加协调高效，有利于卫生健康工作全面深入展开，构建大卫生、大健康理念。此次国家机构改革致力于解决人民群众最关切最直接的利益问题，想群众之所想，急群众之所急，办群众之所需，立足破解发展不平衡、不充分的矛盾，立足以人民为中心的立场，展现了鲜明的时代特征。

　　五是本轮国家机构改革给省级及以下地方机构更多自主权，增强地方治理能力。处理好中央与地方关系是党和国家机构改革的重要内容。建国以后的历次机构改革，都程度不同地涉及这个问题。但时至今日，有关这方面的问题依然突出，比如中央与地方权责关系的处理，财力与事权的划分等。此次国家机构改革，致力于解决好中央和地方的关系问题，如，组建应急管理部，按照分级负责的原则，一般性灾害由地方各级政府负责，应急管理部代表中央统一响应支援；发生特别重大灾害时，应急管理部作为指挥部，协助中央指定的负责同志组织应急处置工作，保证政令畅通、指挥有效。

应急管理部要处理好防灾和救灾的关系，明确与相关部门和地方各自职责分工，建立协调配合机制。简约高效的基层管理体制，地方基层机构拥有了更多自主权，在管理本地区事务时更有动力。充分赋予基层机构相应自主权，可使改革为基层所盼、民心所向，更好造福当地群众。推动顶层设计、基层探索有机结合，必然能带来多赢局面。

第三节　政府管理体制改革的主要内容

改革开放以来，中国政府管理体制改革是在推进经济体制改革、社会体制改革、文化体制改革和政治体制改革的情况下，对政府管理体制的性质、特点、规律、关系、目标和任务不断深化认识和逐步推进的探索过程。实践证明，这个时期的改革和探索取得了很大成功，从根本上摒弃了高度集中的计划经济体制和行政管理模式，基本上建立了与社会主义市场经济相适应的政府管理体制。

40年的政府管理体制改革对人民群众生活的影响也是方方面面的。一个直观的感受就是，政府行为越来越有章可循了，人民群众也越来越能体会到自己的权利了。甚至以前从来不敢想象的"民告官"居然能以"民"胜诉而告终。以拆迁为例，过去政府说拆就拆，现在这种情况已经发生了深刻改变，以前政府说了算，现在是法律说了算。民告官胜诉的例子比比皆是。

案例1[①]：2012年，商丘睢阳区政府启动睢阳区长江鑫苑棚户区

---

① 案例来源于河南省高级人民法院发布的典型行政案件。

改造项目，王某生（化名）的房屋在该项目房屋征收范围内。由于王与政府未能达成征收补偿安置协议，睢阳区政府做出了商睢政征补〔2013〕1 号房屋补偿决定。王某生不服该补偿决定，提起行政诉讼。商丘中院审理认为，被诉房屋征收补偿决定的产权调换方式中，用于产权调换房屋的地点和面积等均不明确，不符合法律规定，故判决撤销被诉房屋补偿决定。

案例2①：2011 年 12 月 5 日，王某影与辽宁省沈阳市东陵区（浑南新区）第二房屋征收管理办公室签订国有土地上房屋征收与补偿安置协议，约定管理办公室对王某影的房屋进行征收拆迁，并以实物安置的方式进行拆迁补偿。然而，房屋征收办一直未履行安置房屋的约定义务。于是，王某影将该管委会诉至法院。沈阳市中级人民法院认为，按照有关规定，浑南商贸区管委会应当支付王某影安置补助费。故判决确认，安置不到位行为违法并由政府赔偿直接经济损失。

如果说以上这些案例反映的是人民群众实实在在的感受，那么，这些现象背后则反映出政府管理体制的重大变革。40 年来，政府管理体制改革的主要内容包括：

第一，转变政府职能。转变政府职能是改革开放以来中国政府管理体制改革历程中的一条主线，也是中国政府管理体制改革的核心，贯穿从传统计划经济转向社会主义市场经济的整个历程。党的十四大提出，转变政府职能的根本途径是政企分开；党的十六大明确提出，政府职能主要是经济调节、市场监管、社会管理和公共服务；党的十八大以来，中国政府管理体制改革更是紧紧扭住政府职

① 案例来源于沈阳市法院公布的行政案例。

能转变这个"牛鼻子",以简政放权为突破口,加快转变政府职能,让市场在资源配置中起决定性作用和更好发挥政府作用,切实推动政府职能向创造良好发展环境、提供优质公共服务、维护社会公平正义转变。通过 40 年的政府管理体制改革,中国政府对微观经济运行的干预明显减少,企业市场竞争主体地位得以确立,市场配置资源的决定性作用明显增强,新型宏观调控体系逐步健全,社会管理和公共服务职能不断加强。

第二,调整政府管理区划。政府管理区划的调整与优化,是中国政府管理体制改革的重要内容。改革开放以来,中国政府管理体制改革不断适应经济社会发展、城镇化进程和生产关系的变革,先后进行了包括建立特区、新建省(直辖市)、撤地建市、县改市、市领导县、县改区等一系列政府管理区划改革,极大地丰富了中国政府管理区划调整的实践内涵。受城镇化进程、中心城市空间拓展、人口集聚与增长、交通和通信条件改善以及政策因素影响,中国政府管理区划调整主要有五种模式:建制变更、政府管理区拆分、政府管理区合并、建制升格以及新设立政府管理区。其中,撤县设市的政府管理区划调整,是中国改革开放以来最重要的一种政府管理区划调整模式。从 1979 年开始到 1997 年暂时结束,这一时期中央两次设市标准的调整,极大地影响了区划变更的进程和周期。省直管县是另一种重要的区划调整模式,自 2002 年浙江省首先尝试省直管县改革以来,先后有安徽、湖北、河南、山东、江苏、福建、湖南、河北等省份,将部分归属于地级市的经济社会管理权直接赋予经济强县,在财政体制等方面试行"省管县",减少行政层级,推动行政管理体制"扁平化",有效提高了政府管理效率。纵观 40 年的改革历程,行政区划调整极大地激发了地方政府积极性,有力推动了地方经济社会发展。

第三，改革政府组织结构。机构是职能的载体，职能配置需要科学的机构设置来履行。改革政府组织机构，是中国政府管理体制改革的重要内容。改革开放以来，已经先后进行了7次大的政府组织机构改革，总的趋势和要求是根据经济社会发展变化和全面履行政府管理职能的需要，明确划分、合理界定政府各部门职能，不断理顺政府管理组织纵向、横向以及部门之间的关系，健全部门间协调配合机制。通过合理调整机构设置，优化人员结构，既要解决有些部门机构臃肿、人浮于事的问题，又要解决有些部门因职能加强而出现的编制过少、人员不足问题，做到职能与机构相匹配、任务与人员编制相匹配。2008年政府机构改革的一个重要特点，是积极推进大部门改革。这次改革对职能相近、管理分散的机构进行合并，对职责交叉重复、相互扯皮、长期难以协调解决的机构进行合并调整。同时，对职能范围过宽、权力过分集中的机构进行适当分设，以改变部门结构失衡和运行中顾此失彼的现象。2013年进行的政府机构改革，进一步优化了部门设置，协调了部门关系，不断完善了决策权、执行权、监督权既相互统一又相互协调的政府管理运行机制，建立了以宏观调控部门、市场监管部门、社会管理和公共服务部门为主体的政府机构框架，机构设置和职责体系趋于合理。特别是2017年党的十九大以来，新一轮行政体制改革围绕国家治理体系和治理能力现代化这个目标，对国家机构和职能进行了全方位优化和重构，是政府管理体制的一次深刻变革。可以说，每次政府组织机构改革都是由经济体制改革推动的，都是以适应发展和完善社会主义市场经济需要为目标，对行政管理体制进行的调整与改革。

第四，创新政府管理方式。改革开放以来，中国政府主动适应国内外环境变化和经济社会发展要求，不断创新政府管理方式，坚持以人为本原则，利用市场机制，采用现代科技成果，简化政府管理程序，调整管理流程，将政府规划、政策引导、法规制定、经济激励、信息服务等多种管理方式和手段相结合，使行政管理方式向更加科学化、人性化、简便化、效能化转变。一是创新宏观调控方式。例如，近几年面对经济下行压力较大的情况，积极创新宏观调控方式，明确守住稳增长、保就业的下限和防通胀的上限，保障经济运行在合理区间；集中精力转方式、调结构，适时适度进行预调和微调，提高宏观调控的针对性和协调性。二是将政府管理由事前审批更多地转为事中事后监管，堵塞监管缝隙和漏洞，加大对违法违规者的处罚力度，努力做到"宽进严管"，着力营造公平竞争的市场环境。三是推广政府购买服务，创新政府职能方式。四是加强电子政务建设，着力推进"互联网＋政务服务"，利用电子政务平台实施管理和服务，增强了对公众诉求的回应性，提高了政府管理效率，降低了管理成本，方便了人民群众。

第五，推进法治政府建设。建设法治政府是改革开放以来中国政府管理体制改革的重要取向，政府逐步实现从全能政府向有限政府，从管制政府向服务政府、法治政府转变。人民群众的权利意识和法治观念不断增强，法治政府建设取得了显著进步。法治政府的核心是依法行政，1989年通过的行政诉讼法被认为是中国法治建设历程中的里程碑。2004年3月，中国政府发布《全面推进依法行政实施纲要》，明确提出用10年左右的时间，基本实现建设法治政府的目标。此后，法治政府建设步伐加快，行政许可法、行政诉讼法、《行政复议法实施条例》等一系列法律法规颁布实施。中国法治政府的法律制度框架已基本建立，依法行政的法律法规体系不断完善，行政立法、执法和监督工作进一步加强，政府建设和行政工作法治化、制度化加快推进，着力用制度管权、管事、管人。法治政府基本建成，行政法规不断健全，行政执法体制改革不断深化，政府管理执法组织体系更加健全，行政执法程序化、规范化水平明显提高，行政监督制度建设加强，行政权力运行和行政行为实施的法制化、规范化、公开化程度大幅提高。

第六，加强公务员队伍建设。公务员队伍是政府管理的主体，其素质和能力直接影响政府的执行力和公信力。改革开放以来，中国逐步建立现代国家公务员制度。1993 年 4 月，国务院通过并颁布了《国家公务员暂行条例》，并于同年 10 月起施行，这标志着中国公务员制度的初步形成。2005 年中国正式颁布了公务员法，这是公务员管理走向法制化的重要一步。公务员岗位公开、平等、竞争、择优机制深入人心。2016 年 7 月，中办、国办正式印发《专业技术类公务员管理规定（试行）》和《行政执法类公务员管理规定（试行）》，这是国家公务员法实施 10 年之后，公务员分类管理改革迈出制度化的关键一步。多年来，全国各地自上而下始终都在不断加强公务员队伍建设，对提高公务员管理科学化水平，充分激励调动公务员的积极性，打造一支专业化的公务员队伍都产生了深远的影响。

第七，推进反腐倡廉，建设廉洁政府。廉洁是从政道德的底线，也是政府公信力的基石。改革开放 40 年尤其是近些年来，中国政府坚持不懈地推进廉洁政府建设，在查办大案要案、惩处腐败分子、加强制度建设、强化对领导干部的监督、治理商业贿赂、纠正损害群众利益的不正之风等方面，取得了更大进展。国务院每年召开廉政工作会议，对政府系统的反腐败和廉政建设做出部署。全国各地区、各部门都把反腐败和廉政建设纳入经济社会发展总体规划，寓于各项改革和重要政策措施之中。通过制定建设廉洁政府的一系列法律制度，包括制定《中华人民共和国政府采购法》、《中华人民共和国招标投标法》，规范政府管理自由裁量权，发挥市场在资源配置中的决定性作用，着力防止腐败行为的发生。特别是党的十八大以来，以习近平同志为核心的党中央以强烈的历史责任感，进一步深化了党风廉政建设和反腐败斗争。廉洁政府建设也达到前所未有的新高度，锲而不舍落实中央八项规定精神，积极带动政风民风好转；严厉查处腐败大案要案毫不手软，形成强大震慑效应；狠抓国际追逃追赃，让腐败分子无藏身之地；推动正风反腐向基层延伸，着力解决群众身边的腐败问题，向党和人民交出了一份优异的答卷。

第四节　新时期政府管理体制改革的走向

尽管中国政府管理体制改革取得一定成效，但也要看到，政府管理体制中还存在不少突出问题亟待解决，距离新形势下人民群众对政府的要求还有很大差距，要让人民满意，还有很长的路要走。例如，政府职能转变问题远未解决，"越位""缺位""错位"问题突出；依法行政任重道远，有法不依、执法不严、违法不究现象普遍存在；政府行政运行方式比较单一，利用市场解决问题的能力不强；问责体制机制尚不完善，责任履行缺乏必要的制度保障；一定程度上还存在腐败问题，政府公信力有待进一步提升；中央政府与地方政府职责边界不够清晰，财权事权不匹配等。政府职能转变仍然任务艰巨，政府管理体制改革仍然任重道远。

当前，中国政府管理体制改革正处在一个十分关键的时期。站在中国改革开放发展的历史新起点，统筹国内外政治、经济、社会发展的新趋势，深刻把握现阶段的改革发展特征，政府管理体制改革必须紧紧围绕国家治理体系和治理能力现代化，以合理界定政府职能作用边界为主线，以建立健全政府责任体系和权力运行清单为重点，以政府职能行使市场化和建立服务承诺制度为突破口，建设与市场经济体制和现代社会治理要求相匹配的，职能优化、行为规范、运转协调、公正透明、廉洁高效、法治保障的，人民满意的服务型政府。这是时代发展的要求，是深化政府管理体制改革的方向，具有重大而深远的战略意义。

党的十八大报告要求，要按照建立中国特色社会主义行政体制目标，深入推进政企分开、政资分开、政事分开、政社分开，建设职能科学、结构优化、廉洁高效、人民满意的服务型政府。党的十八届三中全会通过的《中共中央关于全面深化改革若干重大问题的决定》对全面正确履行政府职能做出明确部署。党的十九大报告再次要求深化机构和行政体制改革。深化政府管理体制改革既包括政府管理理念的转变和重塑，也涵盖政府行政职能、行政方式、行政行为、行政流程和行政生态的转变和再造。实现"让人民满意"这个目的，政府必须牢固树立为人民服务的宗旨意识，坚持以人为本的执政理念。建立人民满意型政府必须紧紧抓住全面深化政府管理体制改革的"一轴四轮"战略重点，"一轴"，即合理界定政府职能作用边界这条主线，"四轮"，即健全政府责任体系、建立权力运行清单、推动政府职能行使市场化社会化、建立服务承诺制度四个核心要点，多管齐下，共同推动政府管理体制改革全面深化。

深化政府管理体制改革是一个系统工程，从政府职能作用的发挥到公务员的具体行为，从机构设置到法律法规制定，从"硬设施"

到"软环境"、行政文化和公务员价值观，从正式制度到非正式规则，涉及政府管理体制的方方面面，归根到底就是要重塑目前的政府管理体制。从主要内容来讲，涉及以下五个方面：

第一，建设法治政府。法治是人民满意型政府的重要保障。要让政府对法律负责，公权力得到约束，人民的权益得到保障，必须保证政府管理的主体合法、内容合法、程序合法、执行依法，把政府打造成法治政府。一是完善行政立法。法律是政府治理的最高权威，政府必须依照法律行使权力。只有将需要调整的社会关系或社会行为用法律规范加以确定，才能为执法行为提供依据。要强调行政行为的法律授权，无论是投资领域的选择、行政审批的设定，还是间接调控手段的选择，都要有明确的法律规定。二是加强行政执法。坚持有法必依、执法必严、违法必究。各级政府机关及其工作人员都要严格依照宪法和法律的规定行使权力、履行职责，坚持法律面前人人平等，真正做到严格执法、公正执法。三是强化行政监督。有权力就要有制约机制，失去制约的权力必然会导致权力的滥用和腐败。必须建立健全全方位的监督机制，完善立法监督、司法监督、机关内部监督，强化群众监督和舆论监督。

第二，建设责任政府。要让人民满意，政府必须履行好法律赋予的职责，信守承诺、落实责任，建设责任政府。这就要求责任主体必须明确，责任内容必须清晰，权力责任必须一致。政府履责要按照人民参与社会治理的要求，向人民做出回应，根据人民的意见进行完善矫正。政府的不当行政行为，要接受法律制裁，承担法律责任。建设责任政府：一是政府决策必须严格按照法律赋予的职责。超出法律赋予的权限范围，就属于滥用职权，而没有完全履行伴生的职责，就属于"懒作为""不作为"。二是政府执行必须坚持责权对等，完善分权负责执行机制，把执行政策的权力与责任对等地界定到部门，分解到各个公务员岗位上，形成政府、部门和公务员个人环环紧扣的决策执行机制。三是政绩考核必须更加注重法定职责的履行情况，完善常态绩效监督机制，努力建立"以结果为中心"的绩效评估标准体系，开展对政府部门和公务员的民主评议活动，在决策和执行中出现问题时，做到谁失误、谁负责，真正对政府履职情况进行全程有效监督。四是政府问责必须落实和保障群众的监督权，让群众对政府履职情况进行有效监督。政府不但要对法定职责的完成情况有交代，还要对人民有关社会治理的要求、对社会的公共利益诉求，做出负责任的回应，根据人民意见矫正完善。

第三，建设服务政府。为人民提供公平的公共服务是政府履行责任的重要内容，也是中国政府转型的必然选择。人民满意型政府要求政府服务必须是公平公正的、高质量的、与群众需求有效对接的。建设服务政府：一是以公共服务均等化为重点，落实和保障人民享受公共服务的权利。既要满足人们对经济物质利益发展的需求，还要注重满足人们对环境、健康、福利、教育、就业、社会保险、消除贫困以及文化精神生活方面的需求，使人在中国建设社会主义市场经济、民主政治、先进文化、和谐社会、生态文明中得到全面发展。二是以政务公开为重点，落实和保障人民群众知情权。科学界定政务公开内容，进一步丰富政务公开形式，有效规范公开程序，确保公开内容准确，公开时间及时，公开时限合理。三是以建立服务承诺制度为重点，明确面向服务对象的结果导向目标，完善诉求表达和实现机制，保障人民群众参与权和基本利益得以实现。

第四，建设高效政府。要让人民满意，政府履职必须高效，以较少的行政成本，以较快的行政速度，获得较高的行政产出，实现经济效益、社会效益和生态效益的有机统一。要达到高效行政，政府运行必须规范有序、公开透明、便民高效。一是精简政府机构。整合部门职能，推进政府事务综合管理，加快实施职能有机统一的"大部门"制。二是优化工作流程。规范服务标准，制定服务细则、办事流程导引图，精简会议和文件，切实提高办事效率。完善政务沟通协调机制，健全部门间协调配合机制。加强电子政务建设，建立高效政务服务体系，规范各级行政服务中心、办事大厅和部门服务窗口。三是简化行政审批。继续深化行政审批制度改革，全面清理行政许可事项，简化和规范许可程序。严格落实党的十八届三中全会《决定》提出的两个"一律"，将投资决策权下放给企业，将由地方管理更方便有效的经济社会事项管理权下放给地方。四是推动政府职能行使市场化。在行使过程各个环节，尽可能利用政府购买服务、特许经营等市场化手段。

第五，建设廉洁政府。清正廉洁是政府让人民放心的底线，人民满意型政府的本质要求政府必须清正廉洁，不允许铺张浪费，更不允许以权谋私、贪污腐化、行贿受贿、贪赃枉法。廉洁政府建设必须标本兼治，既要坚决打击一切贪污腐化行为，又要从体制机制上构建起廉洁执政、防止腐败发生的制度保障。一是突出行政权力制衡，防止权力独大甚至独断。其核心就是促使权力之间相互制衡，以权力制约权力，这是有效预防腐败的关键所在。特别是要充分保障权利相关各方的知情权、参与权、表达权和监督权，实现权利主体对行政权力的制约。二是强化政府制度建设，推动政府行为透明化、阳光化。要建立根本性、全局性、稳定性和长期性的廉洁政府建设制度体系，坚持用制度管权、管事、管人及管地、管钱、管物，让权力持有者不能腐败；持续高强度地制裁、打击腐败，使产生腐败念头的人望而生畏，让权力持有者不敢腐败；推动分配制度改革，逐步建立适合中国国情的以俸养廉、以俸养能的制度，让权力持有者不想腐败。三是加强干部队伍作风建设，打造健康的行政生态和官场文化。要进一步深化干部人事制度改革，构建有效管用、简便易行的选人用人机制和激励机制，把脚踏实地、清正廉洁的好干部放到重要岗位上去，建立一支作风廉洁的干部队伍。

第三章 政府与政府：政府间关系的互动与改革

　　政府间关系历来是政府管理体制的重要内容。其本质是形成激励相容机制，既能各尽其力，又能形成全国合力。一般而言，政府间关系是指国家体制中纵向政治权力与资源配置的基本关系，立法权、财权、事权和人事权是政府间关系调整的四个主要维度①。回顾 40 年来的历史，政府间关系从中央高度集权向地方放权，发展为相对规范的中央与地方分权；从基于政策调整的不稳定关系，发展为基于体制框架不断完善的相对稳定关系，构建推动国家治理体系和治理能力现代化的体制机制。具体而言，中国政府间关系改革基本上可以划分为两个阶段：改革初期（1978—1992 年），以中央向地方放权为主要特征；确立建设社会主义市场经济体制目标以来（1992 年至今），以分权与集权并行为主要特征。当前，正在集中攻坚的政府间事权和支出责任划分改革是国家治理体系和治理能力现代化的关键支撑和制度基础。积极稳妥推进政府层级"扁平化"改革是政府间关系改革的未来方向。

---

① 朱旭峰、吴冠生：《中国特色的央地关系：演变与特点》，《治理研究》2018 年第 2
　期，第 29 页。

第一节　以放权让利为主的分权改革

中国政府间关系改革初期（1978—1992 年），以放权让利为主的分权改革。

1978 年中国经济体制改革是从"放权让利"入手的，政府间关系呈现出权力向地方倾斜的特征。改革最初确定的主题，便是通过"放权让利"激发各方面的积极性，激活被传统经济体制几乎窒息了的经济活力。改革的初始条件决定，政府真正能够放出的"权"，主要是财政上的管理权。政府真正能够让出的"利"，主要是财政在国民收入分配格局中所占的份额。主要改革举措如下（高培勇，2018）：

——在国家与企业之间的分配关系上，实行"减税让利"。从 1978 年起，先后推出企业基金制、利润留成制、两步利改税、多种形式的包干制以及各种形式的承包经营责任制等改革。

——在中央与地方之间的财政分配关系上，实行"分灶吃饭"。放弃"财权集中过度，分配统收统支"的传统财政体制，从 1980 年起，先后推出多种财政包干模式。包干制的核心内容是：地方与中央签订合同，以某一年的财政收入为基数，地方保证每年上缴一定份额给中央，其余收入由地方支配。

"分灶吃饭"充分调动了地方积极性，促进了经济增长，为整体改革的平稳推进发挥了奠基性作用。更加重要的是，地方政府为了获得更多收入，竞相给企业放权让利，推进公有企业民营化，迫使计划经济走上了"双轨制"，加速了市场化进程。

在扩大地方财政自主权的同时，中央将许多经济管理事权下放给地方，主要包含固定资产投资与经济建设计划的审批权、物价管理权、外贸和外汇管理权、物资分配权、外资审批权、旅游外联权以及签证通知权等。20 世纪 80 年代起，中国先后在沿海地区设立 5 个经济特区，并以计划单列市的形式给一些中心城市赋予省级经济管理权限，让它们实际拥有更多的经济自主权。此外，党的十一届三中全会以来，中央开始推行党政分开，对此前"党政不分"的权力结构进行调整优化，增强了地方政府的行政自主权。

随着中央经济管理权限的大范围下放，干部任免权相应也进行了调整。1983 年 10 月，中组部发布了《关于改革干部管理体制若干问题的规定》，明确了"管少、管活、管好"的基本精神，中央直接管理干部的范围被限定于省一级干部。1984 年，中组部又发布了《中共中央组织部关于修订〈中共中央管理的干部职务名称表〉的通知》，确立了"下管一级、备案一级"的基本干部管理体制。由下管两级改革为下管一级，地方政府的干部任免权得到有效扩大。

同一时期，原由中央高度集权的立法权也开始部分向地方下放。1979 年第五届全国人民代表大会第二次会议通过的《地方各级人民代表大会和地方各级人民政府组织法》规定："省、自治区、直辖市人民代表大会及其常委会，在和国家宪法、法律、政策、法令、政令不抵触的前提下，可以制定和颁布地方性法规"，赋予省级最高权力机关以立法权。随后，全国人大常委会分别于 1982 年、1986 年对地方组织法进行了修改，又赋予了省级人民政府所在地以及经国务院批准的城市制定地方性法规或规章的立法权。

放权让利的分权改革为地方政府带来了良好激励和经济绩效，同时，也带来一些问题。地方政府兴办的各类企业是本地财政的自留地，地方保护主义由此兴起，吸引了很多地方短平快项目上马。一时间，小酒厂、小烟厂遍地开花，造成了大量重复建设。地方保护主义不仅带来了市场分割，甚至在个别地方出现中央政策政令不通。地方政府尤其是那些需要向中央上解财政收入的比较富裕的地方政府，竞相选择减小税收，以达到向中央上解收入最小化而地方收入最大化的目的，以至于出现了"大灶冷清、小灶红火"的局面。"分灶吃饭"后，国民经济运行出现了"两个比重"双降的趋势，即财政收入在 GDP 中所占比重持续降低，中央财政收入在财政总收入中所占比重迅速降低。前者由 1978 年的 31.1%，减少到 1993 年的 12.3%；后者由 1985 年的 38.4%，减少到 1993 年的 22.0%。中国财政收入在 1978 年到 1991 年保持了 8.19% 的年均增长率，但财政支出年均增长率达到 8.87%。中央财力薄弱，使那些亟待国家财政投入的国防、外交、基础科研、扶贫和重点工程等必需的资金严重匮乏，中央财政已经处于难以承担宏观调控职责的困境。中央只好主动开源，增费补税发债，财政赤字连年增加，债务规模显著膨胀。从 20 世纪 80 年代末到 90 年代初，中央财政甚至两次向地方财政"借钱"，每次总数大约都是二三十亿元。其实大家心里都清楚，名为"借"，实为"取"，就是要地方"作贡献"，为此一些富裕省份的财政厅厅长甚至与财政部长反目。[1]

20 世纪 80 年代末期，地方政府各自为政、重复建设的问题已引起中央的高度重视，1988 年 9 月 20 日，邓小平强调："中央要有权威，宏观管理要体现在中央说话能够算数"[2]，为此后中国新一轮

---

[1] 赵忆宁：《我国分税制决策背景历史回放》，《瞭望》2003 年第 37 期，第 9 页。
[2]《邓小平文选》第 3 卷，人民出版社 1993 年版，第 227 页。

政府间关系的优化调整埋下了伏笔。

第二节　分权与集权并行的政府间关系改革

1992 年后，中国政府间关系改革进入分权与集权并行为主要特征的阶段。

1992 年邓小平南方谈话后，建立社会主义市场经济体制成为中国经济体制改革的主要目标。此后，随着社会主义市场经济体制的不断完善，政府间关系的调整也进入了一个新阶段。尽管这一阶段政府间关系的调整尚未彻底摆脱权力的收放循环，但央地之间的权力配置不再是简单地集权、分权交替进行，而是从基于政策调整的不稳定关系，逐渐发展为基于社会主义市场经济体制框架不断完善的相对稳定关系。

为了提升中央政府的宏观调控和财政分配能力，1993 年，国务院做出了《关于实行分税制财政管理体制的决定》（国发〔1993〕85号），决定自 1994 年起开始实行分税制财政管理体制。其主要做法是在合理划分各级政府事权范围的基础上，按税种来划分各级政府的预算收入，各级预算相对独立，负有明确的平衡责任，各级次间和地区间的差别通过转移支付制度进行调节。最为引人关注的是，分税制为最大的税种增值税设计了"共赢"方案：承认地方税收基数全部返还，中央与地方按照 75∶25 的比例分享增长的增值税，按照 1∶0.3 系数返还办法激励地方增收。1993—2001 年，中央财政收入占全部财政收入比重从 22% 提高到 52.4%。分税制成功扭转了中央财政收入比重下滑势头，极大地增强了中央政府的宏观调控能力。

分税制突破了以往"放权让利"思路的束缚，走上了制度创新之路，初步搭建起了适应社会主义市场经济体制的财税体制及其运行机制的基本框架。

　　为了确保中央政府拥有实施宏观调控和调节收入分配的能力，分税制实施 20 多年来，中央政府多次对税种或分成比例进行优化调整。主要原因是分税制改革之后，地方政府又找到提升财力的新办法，中央可控财力无法占到优势。新办法主要有四个方面：挖潜力，加强地税征收，同时所得税、营业税、契税，各种税种通通应收尽收；做生意，"经营城市"的思路在各地迅速蔓延，主要以卖地为第二主要财政收入来源；甩包袱，原属于地方的国有和集体企业，凡属亏损的企业都宣布破产或改制；"小秋收"，想尽办法扩大其他非税收入，比如出让经营权。从 1993 年到 2000 年这 7 年间，国民收入增加比较快，企业效益日益凸显，第三产业也逐渐发展起来，在经济发展中占有一席之地。所得税成为一个分量越来越重的税源，其增长速度超过了流转税。国内国际的新形势使得所得税制改革提上议事议程。国务院于 2001 年 12 月 21 日印发了《所得税分享改革方案》，决定自 2002 年起实施所得税收入分享改革，把原作为地方税的企业所得税和个人所得税变更为中央地方共享税，2002 年当年中央地方平等分享，自 2003 年始按中央 60%、地方 40% 的比例分享。所得税分享改革成功实现了中央增收的目的，2007 年，中央财政收入占总收入比重提高到 54.1%。2012 年率先在上海部分行业试点营业税改征增值税，此后试点不断扩围，自 2016 年 5 月 1 日起在全国全面推行营业税改征增值税试点。为了维持中央和地方之间原有的财力基本稳定，将原本中央与地方按照 75∶25 的比例分享的增长的增值税分享比例变更为五五分成。得益于以上改革，1994 年以来，中央财政收入占全国财政总收入的比重始终保持在 50% 以上。

与财权上的相对中央集权不同，近 20 年来中国政府间事权划分则呈现出分权与集权并行的状态。党的十四大之后，中央提出了一揽子优化中央和地方经济管理权限划分的改革规划并着力落地实施。1993 年党的十四届三中全会明确，深化国企改革，中央不再直接管理大部分国有企业，将许多企业下放给了地方，并主要通过财政、金融和企业发生关系。在投资体制改革方面，1994 年在明确中央和地方的投资范围与投资责任的同时，增加了地方投资跨区域基础性项目的权限，地方投资权限的扩大也相应改变了原来中央投资包揽过多的状况。所有这些改革，都使地方政府的经济管理权得到增强。进入 21 世纪后，中国政府继承和发展了"放开搞活"的历史经验，推进简政放权改革，尤其是近年来深化推进简政放权、放管结合、优化服务改革，成效明显。2013 年，中央提出把简政放权、放管结合当作"当头炮"与"先手棋"，承诺在本届政府任期内国务院部门行政审批事项压减三分之一，结果仅用两年就实现了目标；2014 年强化放管结合，2015 年纳入优化服务，最终形成了"放管服"全面推进的格局。5 年来，国务院部门取消和下放审批事项 40% 以上，不少地方取消和下放审批事项 70% 以上；非行政许可审批彻底终结；各部门设置的职业资格削减 70% 以上；取消、停征、减免 1100 多项中央和省级政府行政事业性收费。"放管服"改革有效降低了制度性交易成本和生产经营成本，激发了市场活力，对稳增长保就业发挥了关键支撑作用。

与此同时，在不同阶段中央政府还有针对性地上收了部分权力。带有集权性质的部门垂直化管理改革曾出现过两个高潮，分别是 1997 年至 1998 年和 2004 年至 2006 年，涉及金融、统计、安全生产、国土资源以及环境保护等多个领域。例如，2004 年，国务院实行国家统计局直属调查队管理体制改革，最重要的一点在于实行垂直管理，各级调查队成为国家统计局的派出机构，承担国家统计局布置的各项调查任务，向国家统计局独立上报调查结果；2004 年，国家对省以下土地部门实行垂直管理；2006 年 7 月，国家环保总局组建华东、华南、西北、西南、东北等五个环境保护督察中心，连同上海、广东、四川、北方、东北、西北等六个核与辐射安全监督站，一共十一个环保单位的执法监督机构，直接由国家环保部门垂直管理，以减少地方对环保执法的干扰。总之，中国采取了分阶段、分重点、多元化的方式调整事权在中央和地方之间的配置。

另外，若从财政事权的角度来看，近年来中央与地方之间的事权经历了从下放到上收的转变。从 1994 年开始实施分税制改革时，按照中央与地方的事权划分，强调"事权与财权相适应"。之后随着中央财权的不断集中，中央与地方之间的事权模糊不清的弊端进一步显现出来，财权与事权之间不匹配的现象越来越严重。由于央地的支出责任没有与各自拥有的财政收入挂钩，导致地方财政收支缺口较大，难以有效提供公共产品。在实行分税制改革后，因为中央执行的支出任务没有增加，所以收入端的中央财政收入占财政总收入比重明显增加。新增的政府支出责任特别是社会保障支出责任几乎完全由地方政府承担，因此地方财政支出占公共财政总支出的比重从 20 世纪 90 年代中期的 70% 逐步增加至 21 世纪头 10 年中期的 85%。在地方财政收入比重没有增加的情况下，地方政府却要承担越来越多的财政支出任务，转移支付势必成为中央消化财政收入盈余、地方填补财政收支缺口的基本手段。但是中国的转移支付，尤其是专项转移支付制度的非规范性与非均等化等问题又使其很难发挥好应有的作用，从而进一步加剧了地方政府事权与财权不匹配之间的冲突。地方政府对地方债的需求，重要根源就是现有规范化、制度化的收入不足以支撑支出。其突出表现为一些地方的财政面临比较大的收支缺口。尤其是随着营改增的推进，地方主体税种营业税成为历史，地方政府缺乏主体税种、进而缺乏稳定财源的矛盾进一步突出。过低的财政自给率，并不是一个合理的财政格局。这不仅加大了地方对债务融资的需求，而且也加大了地方债务的风险。针对这些问题，2006 年 10 月 11 日，中国共产党第十六届中央委员会第六次全体会议通过《中共中央关于构建社会主义和谐社会若干重大问题的决定》强调"财力与事权相匹配"，进一步明确了中央和地方的事权。党的十八届三中全会通过的《中共中央关于全面深化改革若干重大问题的决定》明确指出，"部分社会保障、跨区域重大项目建设维护等作为中央和地方共同事权"，在保持中央和地方财力格局总体稳定的前提下，适度加强中央事权和支出责任。这样的事权划分框架同样打破了分税制改革之后中央只上收财权的局面，转而变成了"财权上收，事权也上收"。

在政府间关系法治化方面，一方面，中央与地方的关系的法治化、制度化不断提高，另一方面，中央与地方之间立法权的配置继续呈现出不断下放的趋势。2004 年 3 月 22 日，国务院颁布《全面推进依法行政实施纲要》（简称《纲要》）。《纲要》提出，全面推进依法行政，经过 10 年左右坚持不懈的努力，基本实现建设法治政府的目标。2015 年修订后的立法法规定，有权制定政府规章的地方政府由"省级人民政府所在地的市和经国务院批准的较大的市"进一步扩大到"设区的市"，并明确了设区的市可以对"城乡建设与管理、环境保护、历史文化保护等方面的事项"制定地方性法规。

由于"下管一级"的干部管理改革在扩大地方干部任免权的同时，也加剧了地方主义，为了遏制这种趋势，我国自 1999 年起建立起干部交流制度。此后，中央与地方之间的干部交流日渐增多。2010 年 6 月至 12 月，分别有 66 名中央和国家机关中青年干部到省区市和 66 名省区市中青年干部到中央和国家机关进行双向交流任职。随着经济社会发展水平的提高，作为中央政府"指挥棒"的干部选任标准，也随之发生了变化。在中央对地方的考核中经济指标被逐渐淡化，代之以包括经济、社会、环保等在内的更加综合的绩效指标。从近一两年各地人才的激烈竞争中可以发现，为获取相对竞争优势，地方政府已经开始为"综合创新"而竞争。

总之，确立建设社会主义市场经济体制目标以来，政府间关系基于特定的政策目标在不同的领域有收有放，呈现为分权与集权并行的态势。

综上所述，改革开放 40 年来，中国政府间关系演变是一个渐进式、实验式、差别化优化调整的过程。具有高度权威的中央政府可以根据需要相机决策，对政府间的政治权力与资源配置进行适时调整：需要加强宏观调控时就选择中央集权，需要发挥地方积极性时就选择地方分权。40 年来，从中央高度集权向地方放权，发展为相对规范的中央与地方分权；从基于政策调整的不稳定关系，发展为基于体制框架不断完善的相对稳定关系。与此同时，随着中央与地方关系的日趋稳定和治国理政能力的不断增强，中国已鲜有过去那种大规模的分权或集权，改革多以微调为主。

第三节　集中攻坚：深化政府间事权和支出责任划分箭在弦上

随着中国特色社会主义进入新时代，加快中央和地方财政关系改革，不仅是新一轮财税体制改革必须跨越的关口，更是必须首当其冲完成的任务。

一、建立现代财政制度：中央和地方财政关系改革取得阶段性进展

党的十八届三中全会以来，财政成为国家治理的基础和重要支柱，财税体制成为国家治理体系的关键支撑，全面推进以建立现代财政制度标识的新一轮财税体制改革，势在必行。

2013年11月，党的十八届三中全会通过了《关于全面深化改革若干重大问题的决定》。立足于全面深化改革的宏观棋局，以建立现代财政制度为目标，新一轮财税体制改革由此展开（楼继伟，2014）。

就中央和地方财政关系改革而言，有别于以往围绕中央或地方财力增减而定改革方案的做法，新一轮中央和地方财政关系改革的目标，被锁定于"发挥中央和地方两个积极性"，构建现代中央和地方财政关系新格局。为完成目标所作出的部署是："建立事权和支出责任相适应的制度。适度加强中央事权和支出责任，国防、外交、国家安全、关系全国统一市场规则和管理等作为中央事权；部分社会保障、跨区域重大项目建设维护等作为中央和地方共同事权，逐

步理顺事权关系；区域性公共服务作为地方事权。中央和地方按照事权划分相应承担支出责任。中央可通过安排转移支付将部分事权支出责任委托地方承担。对于跨区域且对其他地区影响较大的公共服务，中央通过转移支付承担一部分地方事权支出责任。保持现有中央和地方财力格局总体稳定，结合税制改革，考虑税种属性，进一步理顺中央和地方收入划分。"

从 2013 年 11 月到党的十九大，在为期 4 年多的时间里，作为阶段性的改革成果，在中央和地方财政关系改革领域取得了如下进展：以全面实施营改增为契机，2016 年 4 月，公布了《全面推开营改增试点后调整中央与地方增值税收入划分过渡方案》。作为未来 2~3 年的过渡方案，以 2014 年为基数，采取增值税增量五五分成的方式重新划分中央和地方收入。2016 年 8 月，又发布了《国务院关于推进中央与地方财政事权和支出责任划分改革的指导意见》。根据这一指导意见，到 2020 年，要基本完成主要领域改革，并逐步规范化、法律化，形成中央与地方财政事权和支出责任划分的清晰框架。

二、深化政府间事权和支出责任划分：下一步财税体制改革的重头戏

基于中央 2020 年决胜全面深化改革的时间表和财税体制的基础性地位，推进新一轮财税体制改革的紧迫性不言而喻。有鉴于此，党的十九大围绕下一步财税体制改革作出了重要部署："加快建立现代财政制度，建立权责清晰、财力协调、区域均衡的中央和地方财政关系。建立全面规范透明、标准科学、约束有力的预算制度，全面实施绩效管理。深化税收制度改革，健全地方税体系。"对照党的

十八届三中全会关于中国新一轮财税体制改革的部署，就会发现，其中所发生的变化，意义极其深刻。

在党的十八届三中全会所部署的财税体制改革三方面主要内容中，预算管理制度改革居首，税收制度改革次之，中央和地方财政关系改革收尾。党的十九大对三个方面内容的排序作了调整：中央和地方财政关系改革跨越其他两方面改革而从尾端跃至首位，预算管理制度改革和税收制度改革则相应退居第二和第三。排序的调整，显然折射的是三个方面改革内容相对重要性的变化。加快中央和地方财政关系改革，成为必须集中攻坚首要任务。

如前所述，从党的十八届三中全会到十九大，发生在中央和地方财政关系领域的改革进展主要体现在两个重要文件的实施，这两个文件是《全面推开营改增试点后调整中央与地方增值税收入划分过渡方案》和《关于推进中央与地方财政事权和支出责任划分改革的指导意见》。就前者而言，这一方案的适用期只有 2~3 年，它显然是一项权宜之计而非"进一步理顺中央和地方收入划分"的体制性安排。注意到营改增之后的增值税收入占全部税收收入的比重已超50%，对如此高比重的税种实行分成，它显然是一种"分钱制"办法而非"分税制"安排。就后者而言，党的十八届三中全会对于此项改革的提法是"建立事权与支出责任相适应的制度"，这一指导意见则在事权和支出责任前面添加了"财政"二字，其意图虽可理解为以财政事权和财政支出责任的划分为突破口，从而为整个事权和支出责任的划分铺平道路，但是，它毕竟收缩了其应有的作用空间。中央和地方财政关系的改革进程之所以会呈现如此的状态，当然与其自身的复杂性以及改革的难度直接相关。

毋庸置疑，中央和地方之间的关系是现代国家治理领域最重要的关系链条之一，政府间事权和支出责任关系是国家治理体系和治理能力现代化的关键支撑和制度基础。围绕它的改革，不仅事关党和国家事业发展全局，而且牵动整个财税体制改革进程。鉴于加快中央和地方财政关系改革的极端迫切性，也鉴于防止本应发挥的"牛鼻子"效应演化为"拖后腿"效应，党的十九大不仅将其摆在了下一步改革的优先位次，而且基于有针对性地加以推进的需要，进一步细化了其改革目标——"权责清晰、财力协调、区域均衡"。也正是基于上述考虑，作为党的十九大之后中国新一轮财税体制改革的开局之举，2018 年 1 月 27 日，国务院发布了《基本公共服务领域中央与地方共同财政事权和支出责任划分改革方案》。由基本公共服务领域中的中央和地方共同事权破题，制定基本公共服务国家保障标准，规范中央和地方支出责任分担方式，从而建立起权责清晰、财力协调、区域均衡的中央和地方财政关系，便是这一改革方案的主要出发点。但是，也应看到，由于所涉利益主体错综复杂，格局再调整有一定难度，除外交、基本公共服务、医疗卫生领域外，许多细分领域财政事权与支出责任划分改革方案仍未出台，改革进程滞后于《关于推进中央与地方财政事权和支出责任划分改革的指导意见》规定的时间表。

总体来看，当前中国政府间事权和支出责任划分取得了一些进展，但仍存在一些突出问题。由于政府职能转变不到位、"红头文件治国"的影响深远等原因，导致目前事权和支出责任划分缺乏法律依据，法治化、规范化程度不高。但无论如何，可以预期，政府间事权和支出责任划分改革，将继续成为下一步财税体制改革乃至于全部政府管理体制改革的重头戏。

第四节　脱胎换骨：积极稳妥推进政府层级 "扁平化" 改革

2013 年以来，中国 "放管服" 改革不断深入，上级政府下放行政权，尤其是行政审批权，成为政府间关系改革的重要内容。在降低制度性交易成本，激发市场活力和经济动能等方面成效显著。但与高质量发展要求和人民群众的期盼相比，中国政府管理水平依然存在较大差距，经济社会生活中仍然存在不少政府越位、缺位、错位现象。关于全面实行财政 "扁平化" 改革进而推动政府层级 "扁平化" 改革的探讨凝聚了更多关注。

财政 "扁平化" 改革首先追求中央、省、市县的三级财政架构。根据国家管理和经济社会发展的需要，同时考虑到简化政府级次难度较大，宜着眼于精简效能和减轻负担的要求，在一段时期还不得不在保留五级政府架构的基础上，首先减少财政层次，通过推行省直管县、"乡财县管" 与乡镇综合改革等改革措施，形成中央、省、市县的三级财政架构。

就行政管理体制而言，中国数千年来维持了中央、省、县三级政府的体制。日本直到今天仍然维持着从中国借鉴的秦朝体制。中国越来越多的政府层级不仅没有强化中央权威，反而同时增加社会的负担。压缩中间层不仅有空间，而且有可能。例如，中国的城市不管大小一般都是 "三级政府、四级管理"。新加坡近 600 万人口只有一级政府，加上几个提供服务的市镇理事会，至多也是一级半政府。相比之下，珠海一个 120 多万人口的城市也实行 "三级政府、四级管理"体制，人们看不出为什么需要这么庞大的政府机制。

"省直管县"财政改革也为行政上的"省直管县"体制和"减少行政层级"的改革奠定了基础、创造了条件。随着经济和社会的发展，"省直管县"必将在有条件的地方向减少行政层级的行政体制改革深化。同时，行政层级的精简将有利于政府职能的转变，有利于进一步明确各级政府的职能范围和支出责任，实现与市场经济体制相适应的服务型政府转型。从实践来看，起源于浙江经验的"省直管县"财政改革曾推广至 20 余个省份，但是真正在财政省直管县推动到行政省直管县的，只有广东顺德等少数地区做过试点。破除利益藩篱，从建设现代化经济体系和实现高质量发展的战略高度积极稳妥推进这项改革，势在必行。

总体来看，中国的"省直管县"改革可分三步走。第一步是省主要对直管县的财政进行直管，并适当下放经济管理权，但维持市对县的行政领导地位；第二步是市和县分治，统一由省直管，重新定位市和县的功能，某些市毗连的县可改为市辖区；第三步是市改革，在合理扩大市辖区范围的同时，合理调整机构和人员，总的方向应当是撤销传统意义上的管县的地级市（级别可保留，人员逐渐调整），全面落实市县分置，省直管县。在上述过程中，还可大力推进乡镇财政体制改革，对经济欠发达、财政收入规模小的乡镇，试行由县财政统一管理其财政收支的办法，对一般乡镇实行"乡财县管"方式；适当划小特大省，增加总的省级行政区数量。

第四章　政府与市场：经济市场化浪潮

改革开放 40 年来，中国逐渐摆脱了计划经济体制，建立了社会主义市场经济制度，在理论上不断探索市场经济体制下政府和市场的关系，在实践中根据中国发展的客观实际不断调整政府与市场关系。40 年来，政府不断转变自身职能，由改革开放初期发挥主导作用的"全能型"政府，到社会主义市场经济建立时期发挥宏观调控作用的"有限型"政府，再到社会主义市场经济发展完善时期更好地发挥政府作用的"服务型"政府。与此相对应，市场的地位和作用也不断增强，由改革开放初期发挥"辅助作用"，到市场经济体制建立初期发挥"基础性作用"，最后到市场经济体制完善阶段发挥"决定性作用"。非常清晰的是，纵观 40 年改革开放历程，就是政府与市场关系逐步调整的过程，也是政府向市场逐步放权的过程。

第一节　从小商品经济走向市场经济

一、市场规模不断扩大

社会消费品零售总额由 1978 年的 1559 亿元增加到 2017 年的

366262 亿元，增长 235 倍。2013 年至 2017 年，社会消费品零售总额年均名义增长 11.3%，实际增长 10.3%，增速比同期国内生产总值年均增速快 3.2 个百分点。经过多年的培育和发展，商品交易市场已成为日用消费品和生产资料的重要集散地和价格信息发源地，在活跃商品流通、方便居民生活、扩大城乡就业、推动国民经济发展等方面发挥了积极的作用。至 2016 年底，全国亿元以上商品交易市场达 4861 个，比 2002 年增加 1603 个。

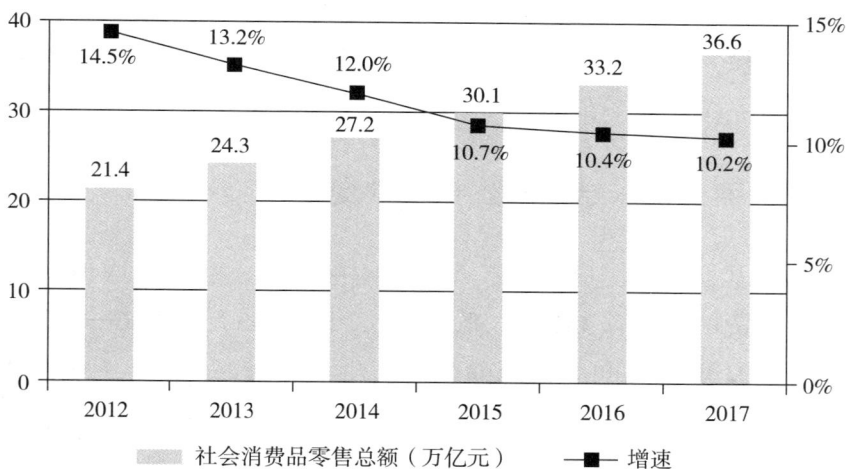

图 4-1　2012—2017 年社会消费品零售总额及其增速

二、市场格局逐渐增大

改革开放前，中国实行的是以计划方式为主导的市场体系，绝大部分商品由行政部门按计划供给和定价，土地、金融、劳动力等生产要素的配置和定价更是通过严格的、强制性的行政计划来实现。经过 40 年的改革，多层次、多门类、多种形式的商品市场格局已经形成。同时，资本、劳动力、土地及技术等生产要素市场从发育到加快发展，市场在资源配置中开始发挥更多作用。股票、债券等多层次的资本市场体系初步形成，融资功能不断增强，自律机制和监管体制逐步健全。劳动力由国家统一分配、严格限制城乡流动转变为城市农村的劳动者都可自主择业、市场调节就业、政府促进就业的新型劳动就业体制。城市经营性土地和工业用地招标、拍卖、挂牌出让制度全面建立；农村土地改革为所有权使用权两权分离，即实行家庭联产承包责任制，极大地激发和解放了农民巨大的生产力，到目前再改革为"三权分置"，市场配置农村土地使用权、收益权的效率得到极大提高。各类资金也进入教育、文化、医疗等社会领域，市场力量充斥在各个角落。

三、商品供求结构发生根本性变化

改革开放前，中国处于严重的"短缺经济"时期。1976年中国人均年消费粮食只有381斤，低于1952年的395斤。1966—1976年，农民人均从集体分配中得到的年收入徘徊在60元左右，1976年农民人均分配只有62.8元，其中现金14.9元；有22.7%的人民公社的人均口粮在360斤以下，其中半数在300斤以下。1亿多农民没有解决温饱问题，全国贫困人口达2.5亿。同期，城市职工工资增长基本停滞，职工住房、公用事业和文教卫生事业发展缓慢。主要轻工业产品和农副产品严重短缺，粮食、食用油、糖和棉布等基本生活必需品长期凭票定量供应。

目前，适应市场经济需要的新型生产与消费的关系已经形成，市场有效供给不断增加，困扰中国多年的"短缺经济"在改革开放20多年后就已悄然而逝，商品极度短缺的"票证时代"早已成为历史。从结婚"三大件"的变迁就能看出中国商品经济的巨大变化。"三大件"原指的是在中国 20 世纪 70 年代结婚时家境不错的人家要购齐的彩礼，包括手表、自行车、缝纫机，再加上收音机，合成"三转一响"。但是随着商品的快速发展和丰富，"三大件"所指迅速发生改变。80 年代开始向电气化迈进，追求的"三大件"变成了冰箱、彩电、洗衣机；90 年代家庭建设又向新的现代化目标迈进，"三大件"又变成了空调、录像机、电脑；跨入 21 世纪，家庭商品消费也随之向资产化和高消费迈进，现在"三大件"已经演变为不再特指某件商品的"房子、车子、票子"。总而言之，由于商品的极大丰富，改革开放实现了商品市场由卖方市场向买方市场的根本转变。

四、贸易格局从国内市场转向世界市场

从消费品来看，根据 2018 年商务部发布的《主要消费品供需状况统计调查分析报告》，进口商品销售占商品销售总额比重达到五成以上的企业占全部调查对象比例为 24.4%，其中乘用车、家居和家装用品、钟表眼镜、电器电子产品、食品类企业比例分别为 51.1%、34.6%、31.0%、25.9% 和 25.4%。可见，中国市场供求状况发生了根本改变，不仅形成了买方市场占主导地位的市场格局，而且消费者在购物消费方面的自由度和选择空间达到了前所未有的高度，进口商品已经成为中国市场供给的重要补充。

总的来看，中国进出口总额由 1978 年的 206.4 亿美元增长到 2017 年的 41045.04 亿美元，增加近 200 倍，已成为世界第一大贸易国（第一大出口国和第二大进口国）。我们在拉动国内消费需求的同时，还拉动着国外消费品和工业品需求。据联合国世界旅游组织报告，中国国境游无论是出行人数还是消费金额，近年来都增长迅速，规模庞大。2016 年，中国出境旅游总消费 2610 亿美元，占世界旅

游消费金额的 21%。中国已不仅是世界的"制造工厂",而且正成长为"世界市场"。

五、"消费社会"迅速来临

1978 年,中国城镇居民家庭和农村居民家庭人均消费支出为 301 元和 157 元。2017 年,城镇居民人均消费支出 24445 元,农村居民人均消费支出 10955 元,全国恩格尔系数降为 29.3%,首次低于 30%。也就是说,改革开放 40 年,中国迅速从温饱型阶段转变到总体性小康阶段,再迅速转变到全面小康阶段的过程中,消费行为有了本质的变化。同时,一个规模庞大的中产阶层已经出现,2017 年中国居民平均每百户家用轿车拥有量为 31 辆,北京、成都、深圳等大城市每百户家庭拥有私家车超过 60 辆,国内旅游人数 2017 年高达 50.01 亿人次。消费对国民经济增长的拉力进一步体现出来,最终消费对经济增长的贡献率,2017 年达到了 58.8%。可见,消费已经成为经济发展和社会运行的关键带动力量,消费社会已经到来。

第二节　从价格管控走向市场规制

改革开放之前,政府高度管控价格,几乎所有的工业品和消费品都由政府直接定价。直到 20 世纪 80 年代,几分钱一盒的火柴调价都需要国务院讨论决定。随着市场化改革的推进,中国的商品价格形成机制逐渐以市场调节为基础。40 年的价格改革经历了四个大的阶段,总的趋势可以概括为逐步建立和完善以市场定价为基础的价格形成机制和管理体制。

一、以直接调整商品价格和下放部分价格管理权为主开始探索

从 1978 年至 1984 年，价格改革的主要内容是：缩减计划商品的种类，从 400 种逐步缩减为 188 种；逐步取消日用工业品的统购包销制度，恢复农副产品议价议购政策；改革商品的定价方法，并大幅度提高农副产品的收购价格，分三批逐步放开了小商品价格和部分农产品（主要是三类土特产品）的价格，对部分机电产品试行了浮动价，即允许企业在国家规定的幅度内自主灵活定价。价格改革作为商品市场发育的关键性改革，在这一阶段，"完善计划价格体制"的思路居主导地位，调放结合、以调为主，并且开始引入市场机制：以国家有计划地调整价格结构为主要改革方式，以大幅度提高农副产品价格为重点，先后进行了六次较大规模的价格调整。这一阶段，在价格管理体制方面只是作了某些探索性改革，主要是中央对地方下放了部分价格管理权限，分三批逐步放开了小商品价格和部分农产品（主要是三类土特产品）的价格，对部分机电产品试行了浮动价，即允许企业在国家规定的幅度内自主灵活定价。

二、价格改革大闯关

从 1985 年开始，放开了除国家定购的粮食、棉花、油料、糖料等少数品种以外的绝大多数农副产品的购销价格；取消了对超产自销的生产资料加价幅度不得高于国家定价 20% 的限制，即放开了计划外生产资料价格；以 1986 年放开名牌自行车、电冰箱、洗衣机等七种耐用消费品价格为标志，放开了大部分工业消费品的价格；初步建立了价格总水平的监测和调控体系，以及某些重要商品的储

备、价格调节基金制度；调整了国家定价商品的价格。之后，又进一步缩小指令性计划管理范围，减少计划购销和调拨的商品品种，到 1991 年，计划管理的商品由 1978 年的 274 种减少到了 13 种，生产资料市场迅速崛起。这一阶段，价格改革以"实行混合价格体制"的思路居主导地位，生产资料价格双轨制开始普遍实行，调放结合、以放为主，市场取向明显加强。

事实上，到了 20 世纪 80 年代中后期，中国的经济体制进入新旧体制交替的关键时期，一方面，国家指令性计划在逐步减少和减弱；另一方面，市场调节经济的新机制尚未真正确立。新旧体制的制约与碰撞突出地表现于价格改革。1984 年，为了搞活国有企业，国家给予了企业以部分产品自行销售、自行定价的权力。1985 年 1 月国家物价局、国家物资局发出了《关于放开工业品生产资料超产自销产品价格的通知》，取消了只准生产企业加价 20% 的限制，企业可按稍低于市场价的价格出售产品。自此，生产资料领域中的价格双轨制全面推开。同时，国家开始将某些紧俏商品销售价采取"双轨制"作为价格改革的过渡办法。到 1986 年，国家统一定价的商品减少到 25 种，各类商品实行浮动价和市场价的比重，农副产品占65%，工业消费品占 35%，生产资料占 40%[①]。历史地看，价格"双轨制"作为一种渐进的改革方式，对刺激生产、搞活流通和逐步理顺价格体系起到了积极作用。尤其是生产资料价格的"双轨制"，对于在计划体制之外的乡镇企业、个体私营经济的发展起到了至关重要的作用。但是，价格"双轨制"也导致了"官倒""卖批文"等现

---

① 刘仲黎主编：《奠基——新中国经济五十年》，中国财政经济出版社 1999 年版，第412 页。

象，滋生了腐败，引发了社会的不满。

随着改革不断深化，价格信号扭曲和僵化的价格管理体制使得"国家调节市场、市场引导企业"的机制难以顺利实施。1985 年开始推行的价格"双轨制"已经成为导致经济秩序混乱的重要诱因，进一步深化价格改革势在必行。1988 年，尽管各方面对于宏观经济过热、通货膨胀形势的判断，以及对治理环境和价格改革的时机选择意见并不统一，中央决策层决定开始实行价格"闯关"。1988 年 4月后，国家出台了一系列调整价格措施，提高了粮、油、主要副食品、彩色电视机、名烟名酒的价格。同时，国家还进行了价格管理体制的改革，将部分商品的价格管理权限由国务院有关部门管理下放给地方管理。1988 年 8 月，中央召开会议讨论了《关于价格、工资改革的初步方案》，认为价格改革的总方向是：少数重点商品和劳务价格由国家管理，绝大多数商品价格放开，由市场调节。但是，由于当时的通货膨胀预期已经形成，价格改革方案的消息一经传开，继 4、5 月份的抢购风后，各大中城市立即掀起一轮建国以来最大规模的抢购风潮。1988 年 8 月份社会商品零售总额达 636.2 亿元，比上年同期增加 38.6%；全年零售物价总指数和居民消费价格总指数同比增长分别达到 18.5% 和 20.7%，是 1950 年以来物价上涨幅度最大的一年[①]。物价上涨超出了群众的承受力，成为这次价格改革闯关受挫的主要原因。

三、放开绝大部分商品的价格

1992 年党的十四大明确提出要"加快市场体系的培育"，以此

---

① 根据《新中国五十年统计资料汇编》有关数据计算，统计出版社 2005 年版。

为标志，中国市场体系建设进入加快发展阶段。1992—2003年，十四届三中全会、十五大、十六大都系统地阐明了培育和发展社会主义市场体系的方向、目标和主要任务。改革的重点是，放开了绝大部分商品的价格，粮食、棉花等重要农产品以及原油、成品油等重要生产资料逐步走向并成功市场化，市场配置资源的地位基本确立，形成了多层次、网络化、适应不同商品交易的市场格局。这一阶段，价格改革围绕"建立社会主义市场价格体制"而全面深化、全方位展开：从中央到地方都大面积地放开了一批商品和服务的价格。仅1992年，在中央管理价格的价格目录中，重要工业生产资料和交通运输价格已由1991年的47类737种减少为89种（国家定价33种、国家指导价56种），一次放开近600种；农产品价格由原40种减少为10种（国家定价6种、国家指导价4种）；轻工商品由原来的41种减少为9种。1998年棉花销售价格放开，1999年，棉花收购价格放开，2001年棉花收购放开。2001年，主销区粮食购销和价格放开，2004年主产区粮食收购和价格放开。目前，在社会消费品零售总额、农副产品收购总额和生产资料销售总额中，市场定价所占比重分别为95.6%、97.1%和92.4%，中国市场形成价格的机制已基本形成。

四、调节手段由直接调节转变为间接调节

党的十七大、十八大、十九大明确的价格改革的指导思想是全面的基础性改革，以价格改革带动政府职能的转变。竞争性产品的价格已经完全由市场形成，垄断行业产品的价格形成开始引入竞争机制，价格管理侧重在总量调节基础上有针对性进行结构调节，调节手段由直接调节转变为间接调节。

　　以成品油定价机制改革为例，可以观察中国垄断行业产品（天然气、盐等）的价格改革历程和改革趋势。1998年以前的长时期内，中国石油价格的调整一直由国家确定，往往是一次调整，长时期内不变。1993年中国成为石油净进口国，完全由政府定价已经不合时宜，也不符合市场经济的趋势。1998年，随着中国石油、中国石化两大集团重组，油价改革也拉开了序幕。原国家计委出台《原油成品油价格改革方案》，规定中石油和中石化两个集团公司之间原油交易结算价格由双方协商确定，价格由原油基准价和贴水两部分构成。其中原油基准价由原国家计委根据国际市场相近品质原油上月平均价格确定，贴水由购销双方协商确定。汽、柴油实行政府指导价，由原国家计委按进口完税成本为基础加国内合理流通费用确定零售中准价，中石油、中石化集团公司在此基础上并在上下浮动5%的幅度内确定具体零售价。从2000年6月份起，国内成品油价开始参考国际市场价格变化相应调整，当时参考的只有新加坡市场的油价。2001年11月份起，中国又一次进行成品油定价机制改革，改革的核心是国内成品油价格改为参照新加坡、鹿特丹、纽约三地市场价格调整国内成品油价格，当国际油价上下波动幅度在5%~8%的范围内时保持油价不变，超过这一范围时由国家发改委调整零售中准价。从2000年5月至2001年11月，国内成品油价格随国际市场油价变化累计调整了17次，成品油定价机制又有新的变化，改每月调整为按照国际市场油价波幅不定期调整。2006年，国家发改委对成品油价格形成机制进行了调整，确定国内成品油价格实行政府指导价，零售基准价以出厂价格为基础，加流通环节差价确定，并允许企业在此基础上上下浮动8%确定具体零售价格。2008年，国家发改委出台新的成品油定价机制，汽、柴油零售基准价格由原先的上下浮动改为最高零售价格制。2009 年，确定当国际市场原油连续 22 个工作日移动平均价格变化超过 4% 时，可相应调整国内成品油价格。当国际市场原油价格低于每桶 80 美元时，按正常加工利润率计算成品油价格。高于每桶 80 美元时，开始扣减加工利润率，直至按加工零利润计算成品油价格。高于每桶 130 美元时，按照兼顾生产者、消费者利益，保持国民经济平稳运行的原则，采取适当财税政策保证成品油生产和供应，汽、柴油价格原则上不提或少提。2012 年，国家发改委对国内成品油定价机制进行了稍许调整，一是将成品油调价周期由 22 个工作日缩短至 10 个工作日；二是取消挂靠国际市场油种平均价格波动 4% 的调价幅度限制；三是适当调整国内成品油价格挂靠的国际市场原油品种。2013 年，国家发改委再次对成品油定价机制进行调整，改革后的现行成品油价格形成机制，成品油调价周期为 10 个工作日，挂靠油种在 10 个工作日中涨跌幅达到每吨人民币 50 元即进行调整。2016 年初，再次完善国内成品油价格机制，并进一步推进市场化改革。一是综合考虑国内原油开采成本、国际市场油价长期走势，以及中国能源政策等因素，设定成品油价格调控下限。当国内成品油价格挂靠的国际市场原油价格低于每桶 40 美元时，国内成品油价格不再下调。二是建立油价调控风险准备金。成品油价格未调金额全部纳入风险准备金，设立专项账户存储，经国家批准后使用，主要用于节能减排、提升油品质量及保障石油供应安全等方面。同时放开液化石油气价格，简化成品油调价操作方式，政府不再发文调价，改为信息稿形式公布调价信息。成品油定价的市场化改革趋势和方向一目了然。

专栏 4-1：关于国家定价的有关情况

根据《国家计委和国务院有关部门定价目录》，国家定价的重要商品的数量和种类为：国家重要储备物资、国家专营的烟叶、食盐和民爆器材、部分化肥、部分重要药品、教材、天然气、中央直属及跨省水利工程供水、电力、军品、重要交通运输、邮政基本业务、电信业务、重要的专业服务等价格、收费标准。省级政府定价的商品的数量和种类主要是重要公用事业和公益性服务价格。2005 年以来，这些项目没有发生变化。

第三节　从禁止限制准入走向公平竞争

竞争是加快发展、实现繁荣最有效的手段，使市场在资源配置中起决定性作用，首要的便是营造公平竞争的市场环境。公平竞争是指市场主体根据自己的判断，在主要营业范围内进行固有的竞争行为，而且也是通过市场主体的效率、制品、价格、质量等方面的自由竞争。政府应为市场主体创造一个公平的竞争环境和竞争条件，使他们能够在相同的条件和外部环境中公平竞争。

一、反垄断改革成为常态化的命题

与中国计划经济向市场经济体制转轨的进程相适应，中国垄断行业改革起始于打破政企合一、高度集中的垂直一体化垄断经营体制。从改革实践看，垄断行业改革呈现出两个共性特点：一是在行业供给能力严重短缺的环境下启动改革，改革的初始动力主要源于对行业发展的迫切需求；二是采取了先易后难、逐步递进的渐进性改革路径，呈现出明显的阶段性和增量性等特征。由于不同垄断行业的改革路径、改革力度和改革措施不尽相同，造成了各行业之间的改革进程和发展绩效存在较大差异。从改革的内容来看，在政企政资分开和产业重组方面的改革力度较大，而在产权改革和监管改革等方面的改革相对滞后。

目前，中国垄断行业改革的进展可以归结为以下几点：一是政企和政资基本分开。垄断行业均已经实现了政企分开。国务院国有资产监督管理委员会承担了各垄断行业主要中央企业的出资人角色，基本实现了政府公共管理职能与国有资产出资人职能分离。二是垄断业务和竞争业务基本分离。垄断行业纵向一体化的格局基本被打破，竞争性业务得到剥离，初步形成了竞争格局。三是股份制改革逐步推进。电信、民航、电力等垄断行业组建了一批特大型公司或企业集团。电信、民航、电力等行业的中央企业的下属企业基本都实行了股份制改革，一些企业已在境内外上市，实现了产权主体多元化，推动了现代企业制度的建立，在法人治理结构及市场化运行机制等方面取得了一定进展。

二、促进公平竞争的法律法规建立并逐步完善

在市场经济条件下，经济活动的动机是追求营利，市场主体会发现和运用各种各样的竞争手段和竞争方法。在这些竞争方法中，有些是侵害其他竞争者和消费者权益，有害于增进社会经济效率的，从而出现自由竞争得到保护而公正和公平的竞争却不能确保的状态，影响整个经济的健康发展。通过建立规制，限制和排除不正当竞争和不当的交易限制，维护公平自由的竞争秩序，是政府的重要任务。

中国改革开放尽管仅有短短 40 年，但促进公平竞争、适应社会主义市场经济要求的法律制度已基本形成。

在民事法律方面，民法通则、合同法、担保法和物权法等一系列法律，建立健全了债权制度和包括所有权、用益物权、担保权的财产制度，确立了合同自由原则以及国家、集体、私人的物权和其他权利人的物权受法律平等保护的原则，形成了各种所有制经济合法共存、平等竞争、相互促进新格局。

在市场主体方面，公司法、合伙企业法、个人独资企业法、商业银行法和农民专业合作社法等法律，确认了各类市场主体的合法地位，保障其公平参与市场竞争。企业破产法建立了规范市场主体退出的破产制度。建立了法律、财务、信息咨询等大批市场服务组织，完善了市场中介组织法律制度。

在市场管理方面，反不正当竞争法、反垄断法等规范了市场竞争行为。消费者权益保护法、产品质量法等建立了保护消费者利益和保证产品质量的法律制度。保险法、证券法、银行业监督管理法和《外汇管理条例》等法律法规，确立了以公开、公平、公正为取向的行业监督管理制度，以有效防范和化解金融风险。城市房地产管理法等建立了有利于城市房地产管理，维护房地产市场秩序，保障房地产权利人合法权益的制度。《直销管理条例》《商业特许经营管理条例》等法规有效规范了市场行为。

在知识产权保护方面，制定了专利法、商标法、著作权法和反不正当竞争法等法律，出台《计算机软件保护条例》《集成电路布图设计保护条例》《著作权集体管理条例》《信息网络传播权保护条例》《知识产权海关保护条例》《植物新品种保护条例》等一批行政法规，建立起比较完善的保护专利权、商标权、著作权等知识产权法律制度。

在对外经贸方面，对外贸易法、中外合资经营企业法、中外合作经营企业法和外资企业法等一系列法律，为涉外经济贸易活动及外国投资者在中国投资提供了多种模式或组织形式，充分保障了经营者在中国投资、开展经贸活动的合法权益。按照发展社会主义市场经济的要求和入世承诺，对不符合市场经济要求和国际商务规则的法律法规进行了全面清理。

三、涉及市场主体经济活动的政策必须体现公平竞争

伴随市场规模和范围的扩大，构建全国统一市场、维护公平竞争市场秩序就显得愈发重要。20 世纪 80 年代的蚕茧大战、羊毛大战、90 年代限制域外商品流入的市场封锁、至今仍一直存在的歧视性政策（如补贴、减税让利等），都严重妨碍了公平竞争。多年来，针对违反公平竞争原则的行为，特别是对于政府过分干预市场的地方保护、行政垄断现象，中央不断出台相关政策加以治理，近年力度更是不断加大。2016 年，国务院出台《关于在市场体系建设中建立公平竞争审查制度的意见》，2017 年 10 月发布实施《公平竞争审查制度实施细则》，要求行政机关以及法律法规授权的具有管理公共事务职能的组织，在制定市场准入、产业发展、招商引资、招标投标、政府采购、经营行为规范、资质标准等涉及市场主体经济活动的规章、规范性文件和其他政策措施时，应当进行公平竞争审查，评估对市场竞争的影响，防止排除、限制市场竞争。经审查认为不具有排除、限制竞争效果的，可以实施；具有排除、限制竞争效果的，应当不予出台或者调整至符合相关要求后出台；未经公平竞争审查的，不得出台。

在此背景下，中国第一例公平竞争审查诉讼，于 2018 年 1 月 25 日在江西省南昌市铁路运输法院正式立案受理。本案的原告深圳市斯维尔科技股份有限公司在 1 月 18 日前往江西南昌铁路运输法院递交行政起诉状，提出了 12 项诉讼请求。斯维尔公司在起诉书中指出，2017 年 11 月 2 日，江西省物价局在其官网江西省工程造价信息网发布了《关于开展对 2017 版〈江西省建设工程定额〉配套使用的计价软件进行首次综合测评工作的通知》。通知要求：凡相关正规软件企业使用 2017 版《江西省建设工程定额》为依据开发形成的计价配套软件，在正式进入市场销售使用前，必须按规定向物价局申请综合测评，经综合测评合格后方可在江西省建设工程计价活动中使用。凡在江西省行政区域内从事建设工程计价活动的单位和个人，须使用经综合测评合格的建设工程计价软件作为计价工具；对使用未经综合测评或综合测评不合格的建设工程计价软件所完成的工作成果，不得作为工程造价计价的依据。受江西省住建厅委托，物价局全面负责全省建设工程计价软件的综合测评工作，相关综合测评结果将在江西工程造价信息网上公布。对此，斯维尔公司认为，两被告以测评计价工程软件为由，涉嫌滥用行政权力变相设定江西省工程计价软件市场的准入障碍，不履行公平竞争审查法定程序和职责，损害了斯维尔公司的公平竞争权利，属于行政垄断行为和违反公平竞争审查义务的行为。这是国务院出台《国务院关于在市场体系建设中建立公平竞争审查制度的意见》之后，首例行政机关被诉以违背公平竞争审查精神的案例。最近几年行政垄断案件的行政执法可谓遍地开花，公平竞争理念在行政决策程序中开始得到更多的重视。但在实际当中仍时有落实不力、以及如何准确贯彻执行公平竞争审查职责的问题出现。此案的受理，对中国推动政策的公平竞争审查，无疑具有重大意义。

第四节　从政府直接干预到以市场为基础进行调控

一、"尊重市场"成为政府调控理论发展的基本方向

改革开放初期，邓小平同志指出，要发展生产力，计划与市场两种手段"都得要"，并多次强调：我们必须从理论上搞懂，资本主义、社会主义的区分不在于计划还是市场这样的问题。社会主义也有市场经济，资本主义也有计划控制。党的十三大提出，"社会主义有计划商品经济的体制，应该是计划与市场内在统一的体制"。这些提法和认识，虽然还处于发展过程之中，但对正确处理市场机制与宏观管理的关系、推进改革发挥了不可替代的作用。党的十四大提出了建立社会主义市场经济体制的改革目标，并明确了社会主义市场经济体制的本质要求，强调"建立社会主义市场经济体制，就是要使市场在社会主义国家宏观调控下对资源配置起基础性作用"。十四届三中全会进一步强调，"国家宏观调控和市场机制的作用，都是社会主义市场经济体制的本质要求，二者是统一的，是相辅相成、相互促进的"。随着改革实践的不断深化，原计划经济条件下的计划体制已不复存在，市场配置资源已经开始发挥基础性作用。计划与市场的关系，也就发展为市场与宏观调控的关系。党的十五大、十六大对改革的目标和社会主义市场经济体制的质的规定性进一步丰富和发展，提出了在更大程度上发挥市场配置资源的基础性作用、完善宏观调控体系的任务和要求。党的十七大强调，要深化对社会

主义市场经济规律的认识，从制度上更好发挥市场在资源配置中的
基础性作用，形成有利于科学发展的宏观调控体系。党的十八届三
中全会《决定》明确指出，要发挥市场在资源配置中的决定性作用，
这是对改革开放以来中国市场化改革道路的最佳诠释，更是对今后
改革方向的最佳表述。《决定》同时提出要更好地发挥政府作用，要
加强宏观调控目标和政策手段机制化。党的十九大指出应着力构建
市场机制有效、微观主体有活力、宏观调控有度的经济体制，不断
增强中国经济创新力和竞争力。

二、市场监管现代化取得显著成效

经过不断的改革探索，特别是党的十八大以来，大量创新性改
革举措频出，能够更好地促进创新创业、适应新业态需求的现代市
场监管体系已经初步建立。大量新的经济主体、新的市场形态、产
业模式不断涌现。完善政府对市场的规制或监管，推动市场监管现
代化，是推动国家治理现代化、政府治理现代化的应有之义。现代
市场监管体系的内核是重新审视了政府与市场的关系，从牢牢管住
市场转向尊重市场在资源配置中的决定性作用，从重事前审批转向
重事中事后监管，并且逐步树立起竞争政策理念，将维护市场竞
争秩序、提高市场竞争效率作为市场监管的核心目标。由此，市场
监管体系的监管理念、监管体制、监管手段、监管方式、监管模式
发生趋势性转变。在市场准入环节，大量减少了行政审批事项，将
注册资本实缴制改为认缴登记制，简化住所登记，开展名称登记改
革，实施"先照后证""多证合一、一照一码""证照分离"改革，
推进电子营业执照和全程电子化登记管理，极大地提高了市场主体
的出生效率，2018 年 3 月各类市场主体总量超过 1 亿户。坚持放

管结合，加强事中事后监管，探索市场监管新模式。明确了"谁审批、谁监管，谁主管、谁监管"的原则，理清了行业主管部门的监管职责。依托大数据，着力建立以信用为核心的新型监管机制，强化企业自我约束功能。加强竞争执法，加大反垄断和反不正当竞争执法力度。推进行政执法体制改革，整合执法主体，推进综合执法。更加注重社会共治，调动企业自主性，发挥行业协会、消费者、媒体等不同社会主体的作用，形成全社会参与市场治理的新格局。

三、政府调控体系保障市场实现公平和规范

政府调控经济的方式由直接行政控制转向适应市场经济的间接调控方式，以国家规划、计划和产业政策为导向，财政政策、货币政策等相互配合、协调运用的宏观调控体系初步建立，宏观调控的内容和方式发生了重要转变，对保持国民经济平稳较快发展发挥了重要作用。政府对微观经济的直接干预逐步减少，投资主体由政府向企业转变。国家规划和经济政策对经济的指导和调节作用明显增强。财税体制改革取得突破性进展，基本建立了适应市场经济要求的财政管理体制，形成了以流转税和所得税为主体、其他税种辅助配合、多税种、多层次、多环节调节的复合税收体系，国家财政收入稳定增长，财政政策调节经济的能力显著增强。中央银行的金融调控体系基本建立，国有商业银行股份制改革取得重要进展。中央银行运用基础利率、存款准备金、公开市场操作及汇率等货币政策工具调控宏观经济的能力不断提高。

第五节　问题和展望

一、应充分认识新矛盾、新问题产生的主要原因是市场化改革不到位和经济体制不完善

随着改革开放的深入推进，中国经济发展进入了新的阶段，也出现了一些新情况和新问题，经济发展的深层次矛盾开始凸显：内外需结构不平衡、投资消费结构不平衡、产业结构不合理、自主创新能力不强；资源、环境压力日趋加大；就业、教育、医疗、住房等关系群众切身利益的民生问题反映较为突出；收入分配差距拉大，低收入群众生活较为困难。面对这些新矛盾，出现了一些关于国企改革、教育和医疗卫生体制改革、收入分配制度改革、引进外资政策等方面的争论，甚至延伸至对整个经济体制改革市场取向的争论。必须认识到，这些矛盾和问题的产生，有发展阶段、增长方式和公共政策等多方面原因，更主要的原因恰恰是市场化改革不到位和经济体制不完善。经济增长方式粗放、经济结构不合理，其根源在于政府职能转变滞后、企业还没有真正成为市场主体以及资源等价格改革滞后；收入分配不公很大程度上是由于生产要素市场改革滞后、行政权力干预微观经济活动过多、行政及行业垄断尚未破除等造成的；城乡、区域发展不平衡也与统一、开放的市场体系尚未形成有很大关系；教育、医疗、住房等与民生有关的社会事业发展缓慢，同现行的财政体制、社会管理体制改革滞后密切相关。进入新世纪，改革任务仍然艰巨。从微观机制到宏观体制，从商品市场到要素市

场，从经济领域到公共服务领域，从国内体制到涉外体制，改革开放任重道远。解决当前中国经济社会生活中存在的突出矛盾和问题，根本出路仍然是坚持市场取向改革的正确方向，消除制约市场发挥资源配置决定性作用的各种体制机制障碍。

二、着力推进供给侧结构性改革

在市场经济中，生产扩张速度往往快于消费扩张速度，导致产能过剩；某一范围内需求的改变往往不能及时传导到生产端，导致有效供给不足。中国经济目前面临的问题，供给和需求两方面都有，但矛盾的主要方面在供给侧。供给侧存在的问题，一方面表现在产品供给能力跟不上变化了的需求，不能满足不断升级的居民消费需求，更难以有效引导和创造消费需求，导致需求外溢、消费能力外流；另一方面表现在产能过剩问题比较严重，落后产能浪费资源、损害环境，严重拖累生产效率提高。推进供给侧结构性改革，必须通过发挥市场配置资源的决定性作用和更好发挥政府作用，把"去产能、去库存、去杠杆、降成本、补短板"五大任务落到实处，重点在"破""立""降"上下功夫。"破"是要大力破除无效供给，把处置"僵尸企业"作为重要抓手，推动化解过剩产能；"立"是要大力培育新动能，强化科技创新，推动传统产业优化升级，培育一批具有创新能力的排头兵企业；"降"是要大力降低实体经济成本。"破""立""降"将为深化供给侧结构性改革保驾护航，激发经济新动能，释放经济新活力，为实现经济社会高质量发展提供制度供给。

三、加快要素市场化配置改革

市场经济是通过市场机制配置资源的经济形式，不仅包括消费品和生产资料等商品市场，也包括土地、资本、劳动力等生产要素市场，各类市场之间相互制约、相互依赖、相互促进。市场在资源配置中起决定性作用，必然就要求形成要素的市场化配置机制，这也是社会主义市场经济体制的重要内容和本质要求。可以说，要素市场化配置是市场发挥资源配置决定性作用的重要基石。改革开放以来，中国现代市场体系建设已取得长足进步，但与商品和服务市场相比，要素市场发展严重滞后，制约着劳动力、土地、资金、技术、信息等要素的自由流动，要素资源"错配""劣配""低配"等问题依然存在，是影响当前实体经济发展质量和活力的显著因素和制度短板。因此，加快推进要素市场化改革，遵循市场逻辑并增强市场对要素资源的配置功能，形成真实、客观、灵敏的要素价格信号，充分有效发挥价格杠杆的调节作用，是当前经济体制改革的关键环节和重点任务，也是现代市场经济应有的基本特征。

四、紧紧围绕政府和市场的有机统一推动相关领域改革

坚持社会主义市场经济改革方向，着力构建市场机制有效、微观主体有活力、宏观调控有度的经济体制。一方面，要通过深化经济体制改革进一步完善现代市场体系，增强微观经济主体活力，让企业和个人有更多活力和空间去发展经济、创造财富。另一方面，要通过深化经济体制改革进一步推进经济领域国家治理体系和治理能力现代化，加强和改善党对经济工作的领导，创新和完善宏观调控，发挥国家发展规划的战略导向作用，健全财政、货币、产业、区域等经济政策协调机制，加快建立现代财政制度，深化利率和汇率市场化改革，健全货币政策和宏观审慎政策双支柱调控框架。更好发挥政府作用，要把促进社会公平正义、增进民生福祉作为出发

点和落脚点，加紧建设对保障社会公平正义具有重大作用的制度，保证全体人民在共建共享中有更多获得感，不断促进人的全面发展、全体人民共同富裕。

五、创新政府调控经济的方式方法

当前，中国经济下行压力较大，需要政府在激发市场活力和防范经济风险方面充分发挥作用。创新政府调控方式，是处理好政府和市场关系的一个重点。40 年来，我们一直在探索政府调控方式和政策工具创新，取得了较好效果。当前，应牢牢抓住处理好政府和市场关系这个关键，在政府调控创新中，多使用负面清单思维，少使用正面清单思维；多采取事中事后监管方式，少设立事前门槛；多采用技术标准进行管理，少采用行政判断方式进行管理，既立足当前、又着眼长远，使政府调控政策通过与市场机制有机结合更好发挥作用。

回顾过去 40 年，市场取向是中国经济体制改革的必然选择，这是贯穿改革开放始终的一条主线，也是中国经济体制改革的必然选择和取得成功的基本原因。中国经济体制改革最核心的内容就是实现由传统的计划经济向社会主义市场经济体制的转轨。实践证明，市场取向的改革极大地解放和发展了生产力，使中国经济持续快速增长，人民生活水平显著提高，推动进一步的改革，解决经济社会发展中面临的诸多矛盾，核心是处理好政府与市场的关系，相信市场经济是资源配置的最优方式，真正让市场在资源配置中起到决定性作用。

第五章　政府与企业：自主市场主体的培育

　　改革开放以来，政企关系、政企分开一直都是中国改革的重点、难点问题。处理好政府与企业的关系，摆脱政府行政隶属关系对企业自身权利的制约，规范行政权力对企业的干预，是政企关系改革的主脉络。40年来，国企改革中政府权力和企业权利的明确，企业内部法人治理结构的建立，垄断行业和市场准入制度改革，以及非公经济改革发展，都取得前所未有的巨大成就，政府与企业的关系逐步理顺，各类企业日益成为自由决策、自主经营、自负盈亏的真正市场竞争主体。当然，随着政企关系改革的逐步深入，政府国资监管职能调整、国有企业改革、公平竞争市场环境培育、非公经济发展等都还存在许多困难、障碍和问题，亟需进一步全面深化改革，进一步激发市场主体活力。

第一节　国有企业从政企不分迈向现代企业

一、放权让利、转换国有企业经营机制

　　改革开放以前，国家对国有企业实行计划统一下达，资金统贷

统还，物资统一调配，产品统收统销，就业统包统揽，盈亏都由国家负责，国有企业没有经营自主权。1978年12月召开的党的十一届三中全会，吹响了中国经济体制改革的号角，也拉开了国有企业改革的序幕。1984年10月，党的十二届三中全会做出的《中共中央关于经济体制改革的决定》指出，增强企业的活力，特别是增强全民所有制大中型企业的活力，是以城市为重点的整个经济体制改革的中心环节。

针对传统国企政企不分的弊端，政府颁布了一系列扩大企业自主权的文件，推动了国企经营权层面的改革，意在使国企成为自负盈亏、自主经营、自我约束、自我发展的"四自"经济实体。先后在国有企业推进了扩大企业经营自主权、利润递增包干和承包经营责任制的试点，调整了国家与企业的责权利关系，进一步明确了企业的利益主体地位，调动了企业和职工的生产经营积极性，增强了企业活力，为企业进入市场奠定了初步基础。

1978—1992年，在中国不断探索经济体制改革方向和目标过程中，中国国有资产管理体制改革的主要措施就是放权让利、转换国有资产经营机制。党的十一届三中全会以后，转变国有企业经营方式、提高国有资产运营效率成为各方共识，这一时期国有资产运营方式先后经历了扩大企业经营自主权试点、实行拨改贷、两步利改税、推行承包制、进行股份制试点等一系列改革。从微观层面展开的国有企业改革为国有资产运营和管理体制改革奠定了基础；推进国有企业改组联合，提高国有资产运营规模效益，进行企业兼并试点，优化国有资产结构；实行企业破产制度，探索国有资产运营的退出机制，通过企业破产法，为推进国有资产流动和重组提供了法律依据；开展国有资产经营责任制试点，探索国有资产运营的外部监督约束机制。

二、适应市场经济需要，建立企业法人财产权制度

党的十四届三中全会提出建立社会主义市场经济体制，中国国企改革进入第二阶段。1993—2003 年，即十四届三中全会到十六届三中全会的 10 年里，国企改革坚持"抓大放小"，收缩战线，让国有中小企业退出，让困难企业破产；转变企业经营机制，建立现代企业制度；分离企业办社会的职能，减少企业包袱。十四届三中全会明确了国有企业改革的方向是建立"产权清晰、权责明确、政企分开、管理科学"的现代企业制度。党的十五大提出，要把国有企业改革同改组、改造、加强管理结合起来。要着眼于搞好整个国有经济，抓好大的，放活小的，对国有企业实施战略性改组。要实行鼓励兼并、规范破产、下岗分流、减员增效和再就业工程，形成企业优胜劣汰的竞争机制。在十五届四中全会通过的决定中，进一步阐明了国有企业改革发展的基本方向、主要目标和指导方针，明确了国有经济布局战略性调整的方向。

这 10 年间，中国在国有大中型企业推进建立现代企业制度试点，同时，采取改组、联合、兼并、租赁、承包经营和股份合作制、出售等形式放开搞活国有中小企业。特别是 1998—2000 年，国有企业实施了改革脱困 3 年攻坚，通过债转股、技改贴息、政策性关闭破产等一系列政策措施，减轻企业负担，推动企业技术进步和产业升级，促进国有企业的优胜劣汰，实现了国有企业的整体扭亏为盈，为国有企业持续快速健康发展打下了良好基础。

为适应社会主义市场经济建设需要，1993—2003 年国有资产管理体制改革的核心是建立企业法人财产权制度。党的十四届三中全

会通过的《关于建立社会主义市场经济体制若干问题的决定》首次在中央文件中提出了"法人财产权"概念，随后颁布的《中华人民共和国公司法》明确规定，"公司享有由股东投资形成的全部法人财产权，依法享有民事权利，承担民事责任"，国务院在其发布的《国有企业财产监督管理条例》中则将企业法人财产权列为独立的一章做了具体的规定。在政企分开之外，政资分开在理论和实践上开始取得进展，国有资产管理体制改革迈向以制度创新为基础，确立国有资产经营主体，构建国有资产流动、重组机制，调整、优化国有资产布局及结构的新阶段。这一阶段的主要改革措施包括：推进股份制改革与国有企业上市，打造国有资本流动机制；实施"抓大"战略，推进国有资产授权经营试点；深化国有资产管理体制改革，推进政企分开、政资分开；加大兼并重组力度，调整和优化国有资产布局。

三、明确监管主体，完善国有资本出资人制度

针对长期制约国有企业改革发展的体制性矛盾和问题，党的十六大提出深化国有资产管理体制改革的重大任务，明确：国家要制定法律法规，建立中央政府和地方政府分别代表国家履行出资人职责，享有所有者权益，权利、义务和责任相统一，管资产和管人、管事相结合的国有资产管理体制。贯彻落实十六大精神，中央、省、市（地）三级国有资产监管机构相继组建，《企业国有资产监督管理暂行条例》、企业国有资产法等法律法规相继出台，在国有企业逐步实施了企业负责人经营业绩考核，国有资产保值增值责任层层落实，国有资产监管进一步加强。

国有资产管理体制的创新进一步激发了国有企业的活力，国有

企业改革取得了重大进展，进入了一个新的阶段。党的十六届三中全会《关于完善社会主义市场经济体制若干问题的决定》中提出建立归属清晰、权责明确、保护严格、流转顺畅的现代产权制度是构建现代企业制度的重要基础。党的十七大明确提出，深化国有企业公司制股份制改革，健全现代企业制度，优化国有经济布局和结构，增强国有经济活力、控制力、影响力仍然是国有企业改革的重要任务。党的十八大进一步提出，要推动国有资本更多投向关系国家安全和国民经济命脉的重要行业和关键领域。

2003—2012 年，中国国有资产管理体制逐步建立并不断完善，这一阶段改革的重点是明确监管主体，完善国有资本出资人制度。党的十六大和十六届二中全会明确了深化国有资产管理体制改革的方针和基本原则。2003 年国务院成立了国有资产监督管理委员会，第一次在政府机构设置和部门职能分工上实现了国有资产出资人职能与社会公共管理职能的分离，明确了国有资产出资人代表，确立了"权利、义务和责任相统一""管资产与管人、管事相结合"的国有资产管理体制，改变了国有资产"九龙治水"、多头管理的局面。这是中国经济体制改革的一个重大突破，标志着国有资产管理体制改革进入了以完善出资人制度为中心的新阶段。

2008 年 10 月 28 日通过的《中华人民共和国企业国有资产法》为中国国有资产管理体制改革和企业国有资本出资人制度的完善提供了法律依据，国有资产出资人制度进一步规范化、法制化。这一阶段的改革措施主要包括：建立和完善国有资产监督管理体制，实现政企分开、政资分开；深化股份制改革，推进大型国有企业主业整体上市，完善国有企业公司治理结构；加大国有企业改革重组力度，调整、优化国有资本布局结构；规范国有企业改制和产权转让，完善国有经济市场退出机制，促进国有资产有序流动；开始试行国有资本经营预算，收取企业国有资本经营收益等。

四、明确监管对象，建立以管资本为主的国资监管新体制

2013年，党的十八届三中全会《决定》明确提出，完善国有资产管理体制，以管资本为主加强国有资产监管，改革国有资本授权经营体制，组建若干国有资本运营公司，支持有条件的国有企业改组为国有资本投资公司。这为适应经济市场化改革不断深入的新形势，继续完善国有资产管理监管体制指明了方向，是在全面深化改革背景下完善国有资产管理体制、加强国有资产监管的重大战略举措。进一步强化国有资本经营，改变传统的国有资产管理方式，有利于国有经济布局结构调整优化，提高国有资产运营效率，更好发挥国有资本战略导向作用，完善国有企业现代企业制度，将进一步增强国有经济活力、控制力、影响力。

十八届三中全会的《决定》为向市场经济转型进行了重要的理论和政策突破，并做了全面的部署。政府要处理好与市场的关系，改变传统的国有资产管理方式，从"管企业"到"管资产"再到"管资本"，中国国有经济的基本存在形式将逐步从国有企业转变为国有资本，国有经济改革的重点相应地要从国有企业转向国有资本。国有资产资本化意味着国家从拥有、管理和控制国有企业，转向拥有和运作国有资本。2013年至今，新的国有资产管理体制的最主要特点就是以管资本为主，首次明确了监管对象是国有资本，这有别于过去国资监管机构一直坚持的管人、管事与管资产"三管"相结合的管理模式，是真正涉及企业产权制度的改革，是对国资国企监管体制的一次重大变革。

2015 年 9 月，《关于深化国有企业改革的指导意见》正式颁布。目前，与指导意见相配套的十多个文件已经印发，"1+N"文件体系为深化国有企业改革打下了良好的基础。2016 年是中国国有企业改革政策的落实年，围绕重点难点问题开展了"十项改革试点"，通过试点取得突破、多点开花，以点带面，推进体制机制创新。这十项改革试点具体包括：落实董事会职权试点；市场化选聘经营管理者试点；推行职业经理人制度试点；企业薪酬分配差异化改革试点；国有资本投资运营公司试点；中央企业兼并重组试点；部分重要领域混合所有制改革试点；混合所有制企业员工持股试点；国有企业信息公开工作试点；剥离企业办社会职能和解决历史遗留问题试点。

五、以混合所有制改革为突破口深化国企改革

2016 年中央经济工作会议提出，混合所有制改革是中国国企改革的重要突破口，要按照完善治理、强化激励、突出主业、提高效率的要求，在电力、石油、天然气、铁路、民航、电信、军工等领域迈出实质性步伐。2016 年是国有企业混合所有制改革的开元之年，2017 年是混改试点加速推进的一年。目前，第一批 9 家、第二批 10 家中央企业混改试点方案已经批复，正在加快推进，第三批 31 家试点企业名单已经确定，其中中央企业子企业 10 家，地方国有企业 21 家，改革方案正在制定过程中。随着试点企业数量持续增加、试点范围不断扩大，混合所有制改革呈现出加速推进势头，对完善企业治理、深化国有企业改革起到重要带动和牵引作用。

尽管中国国有企业混合所有制改革试点企业数量持续增加、试点范围不断扩大，混改呈现出加速推进势头，然而在改革推进过程中，仍然面临很多不容回避的问题，例如，思想认识尚未完全统一、

改革政策不协调不配套、改革推进机制不完善、改革考核激励机制缺失等等。混合所有制改革涉及众多的利益相关方，是一项复杂的系统工程，虽然中央已经有了"顶层设计"文件，但在实际操作过程中，还有很多具体问题需要深入研究，混合所有制改革试点企业在具体推进过程中，也确实遇到了很多困难和障碍。例如，国有资产定价机制、职工劳动关系、土地处置和变更登记、员工持股等等一系列具体问题，都需要进一步明确和规范。

党的十九大报告指出，必须以完善产权制度和要素市场化配置为重点深化经济体制改革，强调要"实现产权有效激励"，提出"深化国有企业改革，发展混合所有制经济"，并把这项改革与培育具有全球竞争力的世界一流企业结合起来，指明了下一步中国国有企业改革的重心和方向。混合所有制改革已经成为深化国有企业改革的重要突破口。未来，需要进一步解放思想、统一认识、突出重点、寻求突破，积极稳妥加快推进国企混合所有制改革。

优化混合所有制企业股权结构。配置合理的股权结构是混改的关键所在，要把优化股权结构作为混合所有制改革的突破口。除国有资本必须保持独资、绝对控股的特殊国有企业外，混合所有制改革要突破"股比限制"的思维方式，改变国有股一股独大、内部人控制局面，建立各类股东利益风险共担、相互制衡约束的有效治理结构，切实转变企业经营机制。要加快在竞争性行业领域发展混合所有制经济，优化股权结构，着重解决国有企业股权比例过于集中、市场化运行机制不健全的问题，发挥各类资本取长补短、相互促进作用，实现资源的有效配置，推动混合所有制企业从追求形式和数量的"粗放式"混合，向更为重视发展内涵和质量的"集约式"混合转变，真正促进中国国企体制机制转换和市场主体地位形成。

切实转变混合所有制企业治理机制。中国推进混改不仅仅要实现投资主体的多元化，重点还在于是否实现了混合所有制企业内部机制的真正转变。要通过融合民营企业机制灵活、效率高和国有企业管理规范的优势，完善治理、强化激励，建立起产权清晰、权责明确、决策民主、管理科学、富有效率的现代企业制度，提升企业运行效率和价值创造能力。构建科学的公司治理制度，设置合理的股权结构，既要防止出现一股独大，也要避免股权过于分散。合理分配各类股东在董事会的席位，充分保障各类股东特别是非公有股东的代表性和发言权。各类资本通过在公司治理结构中的合理安排，既相互促进又彼此制衡，形成生机勃勃又稳健持重的决策风格。建立现代企业制度，实行决策权、监督权、执行权"三权分离"，形成股东大会、董事会、监事会和经理层"三会一层"既相互分工又相互制约的有效治理体系。

规范有序推进国企混合所有制改革。规范混改操作程序和实施细则，自上而下进行总体规范和设计，并与尊重基层创新经验相结合，而且要严格履行相关审批、审核和备案程序。完善国有资产评估定价机制，进一步优化程序，更多通过公开的、全国性资本市场和产权股权交易市场，发现企业有形与无形资产价格，从制度设计上避免国有资产流失。要高度重视协调配套，对相关配套文件进行系统规范梳理，注重配套政策和前后出台政策的连续和衔接，修改不符合中央要求和混改方向的政策规定，增强国企改革系列配套文件的整体性、协调性。要加快建立混改容错机制，尽可能允许犯错、试错，对由于决策、操作失误而导致的一些问题，应有足够的宽容。对于改革方向正确，没有原则性的失误和错误，应当采取包容的态度，鼓励大胆改革和创新。

第二节　重要行业从垄断走向竞争

一、推进垄断行业重点领域改革

垄断行业包括具有网络特性的自然垄断行业，例如自来水、电力、公交等等，这些垄断行业的存在有其必然性，因为存在规模效应、外部效应和进入门槛。如果一个城市存在多个电网系统、自来水系统向同一群消费者提供电力和自来水服务，即进行竞争的话，会造成资源的浪费。这些领域如果不是垄断结构而是多个生产者竞争的话，对广大消费者的影响也不会是好的，最终的结果是厂商将退出市场不再提供产品。中国垄断行业也包括因某种特殊的经济、社会或者政治的原因，政府或者法律规定只有获得特许才能经营的行业，即行政性垄断行业，例如烟草、盐业等。垄断形成垄断利润和消费者损失，损害社会整体利益，政府通常对垄断行业采取垄断价格管制或者进入许可等行业监管手段，尽可能抑制垄断企业滥用市场垄断地位。

中国的重要行业、关键领域主要集中在传统垄断行业，主要包括电力、电信、铁路、民航、邮政、天然气以及烟草、盐业等等，是中国国有经济最为集中的领域，大多是国家重要的基础设施和基础战略性产业，关系国计民生和国民经济命脉，几乎全部由中央大型骨干企业控制，是中国经济体制改革尤其是国有企业改革的重点和难点所在。从20世纪80年代开始，中国垄断行业改革基本与整个经济体制转轨同步启动，按照行业逐步推进体制改革。打破垄断局面，引进民间和外来资本大力提高供给能力，提高企业自主经营的积极性就成为垄断行业改革的破冰举措。

具体而言，中国垄断行业重点领域在服务价格水平和产业结构、放松投资主体限制等方面进行了积极尝试。1985 年电力行业出台了"集资办电"政策；1987 年民航公司与政府分开，成立 6 家相对独立的航空公司；1987 年铁路开始实施中央与地方合作建设铁路的投资模式；1993 年邮政业开始引入民营快递公司。一系列改革放松了价格制定的严苛规定，调动了地方参与垄断产业投资的积极性，逐步放松了价格监管和准入监管，较快地缓解了电力、电信、铁路、邮政、民航等产业发展中面临的资金困境与供给短缺问题。改革开放 40 年来，中国的垄断行业重点领域在引入竞争、打破独家垄断方面取得了长足的进步与丰厚的成果，民航、电信、邮政、电力等领域均已有多家企业参与市场竞争，但从总体上看，垄断行业改革仍滞后于经济体制改革整体进程，发展改革任务依然艰巨。

二、积极推进垄断行业政企和政资分开

中国垄断行业"政企不分、政资不分"的传统根深蒂固，多年来一直没有得到有效解决。垄断行业的技术经济特征决定了不能完全由市场配置相关资源，依靠市场机制无法满足社会对基础设施、公共利益和普遍服务的需要，必须加强垄断行业监管体制机制建设。从 20 世纪 90 年代以来，经过多年的政企分离、政资分离、业务分离、引入新竞争者等方面的改革，电力、邮政、民航、电信、邮政等主要垄断行业均基本实现政企、政资和政监分开。1997 年国家电力公司成立，1995 年中国电信公司成立，2002 年重组成立的国航、南航和东航 3 个公司实现了与中国民用航空总局的脱钩，以

上事件标志着在电力产业、电信产业、民航产业实现了体制上的政企分离。

为解决监管越位与监管缺位并存以及监管职能分散及多头管理的问题，从监管效率的角度看，建立专业化的、透明的、职能单一的监管机构是大势所趋。为了适应垄断行业长远发展需要，随着政府机构改革的不断深入，逐步建立了综合性的交通（包括铁路、公路、水运和民航）、能源（包括电力、天然气、煤气等）、通信（包括电信、广电等）等专业化的监管机构，厘清在垄断行业监管方面的政府权力及行为方式，取消不必要的行政管理环节和职能，并尽量将分散于各个职能部门的监管职能集中于一个专业的监管机构或政府部门，建立和完善相对独立的垄断行业监管机构，逐步实现政企、政资、政监分开。

积极建立完善相对独立的垄断行业规制体系。在电力领域，1998年撤销了电力部并于2003年成立电监会，2013年被并入国家能源局。在电信领域，则是1998年成立信息产业部，负责电信领域的监管事务。在民航领域，2002年开始实施的"政资分开""机场属地化"改革，将民用航空的安全、市场秩序、空中交通管制等监督管理的责任保留在中国民用航空总局，同时，将各民航公司的企业经营以及国有资产保值增值的任务从中国民用航空总局的职责中剥离。特别是2013年3月，铁道部撤销，中国铁路总公司正式成立，垄断行业政企不分、政资不分的最后一块堡垒被攻破，铁路体制改革迈出了最为关键的第一步。国务院国资委、财政部等承担了各垄断行业主要中央企业的出资人角色，基本实现了政府公共管理职能与国有资产出资人职能在机构设置和职责分工方面分离。

三、分离重要行业垄断业务和竞争业务

由于特殊的技术经济特性，垄断行业中的自然垄断具有一定的经济合理性，垄断行业改革也不是为打破垄断而打破垄断。在当前的技术经济条件下，仍然具有自然垄断属性的业务包括：电力行业的输电、配电环节，电信的本地通信业务，铁路的路网业务，车站以及民航的机场等等。其他众多业务，例如电力的发电、售电环节，电信的长话、移动和增值业务，铁路和民航的客货运服务，都属于竞争性业务。中国垄断行业的改革目标就是要建立兼顾规模经济和竞争效率的有效竞争市场格局，打破行政垄断，抑制经济垄断。

中国垄断行业产业链条长，业务类型多，管理复杂，长期由极少数的垄断企业独立进行一体化经营。对于自然垄断性业务领域，改革的重点是，一方面要结合规模经济和监管的需要，进一步将"大垄断"变为"小垄断"，树立行业标杆，建立标杆竞争机制；另一方面，要加强对自然垄断环节的价格、质量、普遍服务等的监管。对于竞争性业务领域，要公平开放市场，实现充分竞争，通过公平的市场竞争优胜劣汰，而不是行政手段"拉郎配"，推动产业的整合集中，提高产业竞争力。明确界定政府和处于自然垄断地位的企业在履行普遍服务方面的职责。政府应当履行公共服务职能，承担普遍服务的职责，企业负责执行普遍服务。

规范政府职能范围和权力边界，取消不必要的行政许可环节，改变过去"重许可、轻监管"的现象，建立健全有关垄断行业成本核算体系、服务质量、安全标准、普遍服务等义务履行的日常持续性监管机制，强化违反规定的处罚措施。同时，积极运用价格上限等激励性监管手段，促进垄断行业提高运营效率。建立普遍服务的

成本补偿机制，包括财政补贴、设立普遍服务基金等，将企业的业务交叉补贴从"暗补"改为"明补"，清晰界定政府和企业的责任，明确企业政策性业务和经营性业务的界限。

随着垄断行业改革的不断深入，很多垄断行业的纵向一体化格局被打破，垄断业务和竞争性业务得到初步分离，形成了一定程度的竞争格局。电力行业实行了"厂网分开"的改革，对国家电力公司分拆重组，发电环节基本实现了充分竞争的格局。2015 年 3 月"新电改"方案进一步明确市场化改革方向，明确垄断性环节和竞争性环节，其核心是管住中间，即电网业务，放开两头，即发电侧和售电侧，形成多买多卖的竞争局面，充分发挥电网的综合效用，这也是截至目前深化电力体制改革最核心、最有效的政策举措。

基础电信领域，经过多次联合重组，形成了中国移动、中国联通、中国电信等三家骨干企业，可经营国际长途、国内长途、本地、移动等各类主要电信业务，三个主要企业展开竞争，形成了寡头竞争的市场格局。民航业通过联合重组，原民航总局直属的九家航空公司和四家服务保障企业联合重组为三大航空集团（中国国际航空公司、中国东方航空公司、中国南方航空公司）和三大航空服务保障集团，机场属地化管理全面完成。随着垄断行业市场竞争机制的逐步引入，电信、民航、电力领域都形成了一定的竞争格局，行业运行效率和服务质量明显提升，城乡居民得到了实实在在的好处。

四、稳步推进重要行业现代企业制度建设

中国垄断行业大多数属于国民经济的重要行业、命脉产业，应适当保持国有经济在这些领域的控制力和影响力。但是，一方面，国有经济的控制力并不代表一定要保持国有独资或者国有绝对控股。

单一的股权结构不利于形成有效制衡的公司治理机制，难以从根上改变国有企业的传统经营机制和运营模式。另一方面，国有经济的控制力并不代表不允许非国有资本进入。事实上，加大垄断行业混合所有制改革力度，引入非国有资本投资主体作为增量部分进入市场，不仅不会削弱国有经济的力量，而且更加有利于提高相关产业的经营效率和竞争力，保障国民经济命脉产业的经济安全，从而更加有利于降低实体经济发展成本，提高整个国民经济的整体效率和竞争实力。因此，中国垄断行业的产权制度改革并不是简单地"国进民退"，更不是"国退民进"的私有化，而是建立公开、公平、公正的良好市场竞争环境，促进国有资本和非国有资本公平竞争、共同参与投资、建设和运营。

多年来，通过推进电信、民航、电力、军工等重要行业、关键领域的垄断行业改革重组，加快推进公司制、股份制改革，组建了一批特大型公司或企业集团。这些中央企业的下属企业基本都实行了公司制、股份制改革，一些企业已经在境内外资本市场上市，实现了股权多元化，法人治理结构逐步完善，市场化运行机制正在形成，垄断行业现代企业制度建设方面取得一定进展，企业经营效率大幅提升。特别是近年来，通过试点，电力、石油、天然气、铁路、民航、电信、军工等垄断行业重要领域混合所有制改革加快推进，一些传统垄断企业实现股权多元化，完善了公司治理机制，提高了企业经营效率。例如，在电信领域，第二批混合所有制改革试点企业中国联通，共引入包括腾讯、百度、阿里巴巴、京东等民资在内的 14 家战略投资者，联通集团持股比例由 62.7% 降至 36.7%，集团公司管理职能人员编制减少 51.3%，31 个省级分公司压减机构 205 个，集团二级机构正副职退出 14 人，省级分公司中层干部受聘平均退出率 15%，实现了组织扁平高效、资源内耗大幅减少。与此同时，中国联通向 7800 余名核心员工授予占总股比 2.7% 的限制性股票，这将极大地调动企业最核心要素的积极性。

第三节　非公经济从无到有持续壮大

一、推动非公经济规模快速增长

新中国建立初期，经过社会主义改造，非公经济一度在中国消失，在经济体制改革和社会主义市场经济渐进发展过程中，非公经济得以复兴，成为中国经济高速发展的生力军。改革开放 40 年来，非公经济快速发展，规模不断壮大，影响力不断增强，已经成为中国经济版图上一个最为庞大的群体，成为促进经济发展、调整产业结构、繁荣城乡市场、扩大社会就业的重要力量，是中国国民经济的重要组成部分，是现代化建设和全面建设小康社会的重要依靠力量。1982 年，宪法第十一条首次明确："在法律规定范围内的城乡劳动者个体经济，是社会主义公有制经济的补充。国家保护个体经济的合法权利和利益。"1988 年，宪法修正案，在第十一条增加规定：国家允许私营经济在法律规定的范围内存在和发展。私营经济是社会主义公有制经济的补充。国家保护私营经济的合法权利和利益。

然而，长期以来，姓"资"姓"社"的问题以及计划经济体制在人们头脑中的影响还根深蒂固，对非公有制经济的"所有制歧视"很难完全消除。从宏观环境看，国有观念和惯性思维对非公经济发展不公，是非公经济发展面临的重要制约因素。目前，社会仍然普遍把非公经济当作"私有剥削"的代名词，对民营经济持有不信任、不靠谱的固有偏见。有些干部甚至是领导干部对发展非公有制经济都不同程度地存在着一些认识误区，对非公有制经济发展的具体问题想得不多，关心不够，甚至存在轻视和排斥的思想。不能实事求是地看待非公有制经济在发展中出现的一些问题，对少数非公有制企业制假售劣、偷税漏税等现象以偏概全，对非公有制企业不放心、不信任。

改革开放以来的历史已经证明，个体私营等非公有制经济是推动中国现代化建设和中华民族伟大复兴的重要力量，对于破解中国经济社会结构性矛盾、推动发展方式转变、实现伟大中国梦都具有重要战略意义。要在思想观念上努力消除对非公有制经济的偏见，克服长期以来的思想障碍，真正认识到发展非公经济的重要作用，破除一切制约非公经济发展的政策和体制障碍，积极营造有利于非公经济加快发展的环境。要大力引导广大群众和企业经营者，克服小农思想，树立干大事业、求大发展的进取精神。努力形成各级政府放胆抓、坚决抓，职能部门真心扶、热心帮，广大群众大胆干、敢大干的浓厚创业、发展氛围，努力把非公有制经济培育为竞争增长的一大新"亮点"。

2005 年国务院出台《国务院关于鼓励支持和引导个体私营等非公有制经济发展的若干意见》，被称为"非公 36 条"，对非公有资本实行"非禁即入"。2010 年国务院出台"民间投资 36 条"，被称为"新 36 条"，进一步加大非公经济发展改革支持力度。特别是党的十八大以来，"鼓励社会投资 39 条""激发民间有效投资活力 10 条""促进民间投资 26 条"《关于深化投融资体制改革的意见》等一系列促进民间投资和民营经济发展的政策措施相继出台，从国家宏观政策层面为民营经济发展营造了更加公平、开放、宽松的政策环境。

目前，中国非公经济发展取得举世瞩目的伟大成就。在各种所有制经济主体中，非公有制经济主体创造的 GDP、固定资产投资和对外直接投资占比均超过 60%，纳税占比超过 50%，技术创新占比超过 70%，吸收就业占比超过 80%。截至 2012 年底，全国个体工商户数量 4059.3 万户，私营企业数量 1085.7 万户，两者合计占全国企业总数的 78.2%。到 2017 年底，分别达到 6579.4 万户和 2726.3 万户，占全国企业总数的 94.8%，注册资本超过 165 万亿元。党的十八大以来，中国私营企业数量增长 151.1%，较企业总体水平高 29.5 个百分点，私营企业注册资本增长 454.7%，较企业总体高 212.4 个百分点，私营企业数量和注册资本对企业总量增长的贡献率分别达 98.9% 和 69.8%。

二、鼓励持续扩大非公经济就业

中国的国情决定了劳动力供给的特殊性，就业问题已成为中国长期面临的头等社会问题。然而，国有经济的发展并没有带来就业水平的提高，甚至在国企改革过程中曾经导致就业人数的大幅下降。国有单位年底职工人数由 1978 年的 7451 万人增加到 1995 年的 11261 万人之后开始下降，到 2000 年底只有 8102 万人，到 2010 年底更是下降到只有 6516 万人，到 2016 年底进一步下降到 6170 万人。改革开放以来，在国有经济大发展的同时，国有单位就业人数不升反降。而非公有制经济则持续快速发展，为经济发展和社会就业做出了重大贡献。截至 2017 年底，仅私营企业就已达 2726 万户，非公有制经济吸纳了城镇就业的 80% 以上、新增就业的 90% 以上和农村转移就业的 90% 以上，成为扩大城乡社会就业的主渠道和增加城乡居民收入的重要来源，对中国国民经济和社会发展起到了重要的支撑和推动作用。国有企业的下岗失业人员大多在非公有制企业实现了再就业，2 亿多农民工大多也是在非公有制企业务工。特别是最近几年，非公有制企业已开始成为高校毕业生和复转军人就业的最主要渠道。

中国广大县域日益成为经济社会发展的重点和区域经济新的增长极，是中国人口布局、城乡统筹、一体化发展的核心承载区域，对于经济社会协调发展和全面建设小康社会具有重要战略意义。对于广大县域经济来说，非公经济尤其是民营经济扩大了城乡就业，还增加了税收，丰富了产品和服务供给，在不断满足人民群众日益增长的物质文化需要方面发挥了重要作用。非公经济积极参与市场竞争、推动市场建设，促进了人们的思想解放和观念更新，促进了政府职能转变，促进了社会主义市场经济体制的建立和完善。

在各种经济成分中，个体私营企业的税收增长最快，明显高于全国平均水平及其他经济成分，对国家新增财政收入的贡献份额不断增大。目前，全国绝大多数地市县的经济主体力量已经是个体私营经济，地方财政收入的主要来源也是个体私营经济。近年来，以县域非公有制企业高度聚集为特征的产业集群发展迅速，部分产业集群已成为中国的重要制造业基地，产品在全国占有很高的市场份额，不少非公有制企业已经成为当地中小企业发展的龙头，有力推动了县域经济快速发展。

在中国，城镇居民收入的 60% 以上和农村居民收入的近 40% 都来自工资性收入，这就使得改善民生与民营企业发展之间形成必然联系。提高员工工资水平，表面看是对民营企业的挑战，因为当企业为员工增加工资时，企业的利润会出现相对下降。但实际上这对企业发展也是一种机遇，因为当所有企业都稳步增加员工工资时，整个社会的购买力就会增强，企业的产品就会更有需求；同时工资的增加还将进一步激发员工劳动和工作的积极性和主动性，从而提升企业的内在动力与活力。特别是目前中国消费率只有 45% 左右，低于国际平均水平近 20 个百分点。研究表明，中国消费率每提高 1 个百分点，经济增速将提高 1.5 至 2.7 个百分点。加快非公经济发展尤其是民营经济发展、提高全社会就业率、形成劳动报酬随企业效益增长稳步增加的机制，不断提高城乡居民的收入和消费水平，不仅是改善民生的内在要求，还会大幅提高城乡居民消费水平，形成新的经济增长极，为中国经济增长注入新的强大动力。

三、持续优化非公经济分布和结构

近年来，非公经济发展已经开始呈现新的特点，民营企业整体实力、创新能力和竞争力都有质的飞跃，逐步进入科学发展的轨道，行业分布、区域布局更加合理，成为中国经济结构、产业结构和区域经济协调发展的重要推动力量。在行业分布上，民营企业早期主要集中在轻工纺织、普通机械、建筑运输、商贸服务等领域，随着整体实力日益增强，众多民营企业已经开始从劳动密集型产业、传统产业向资本密集、技术密集型产业拓展，在高端服务业、战略性新兴产业等领域发展迅猛。在规模结构上，民营企业涌现出一批具有较强国际竞争力的大企业集团，企业平均规模不断提高，逐步发展形成一批以大规模、专业化经营为特征的产业集群。在企业组织形式上，民营企业已开始大规模向多元投资主体的公司制股份制企业发展，现代企业制度建设加快推进。如今，研发机构、研发资金和研发人员也开始向民营企业聚集，民营企业技术创新能力大幅提高。中国 500 强企业中，民营企业的平均研发强度远高于国有企业，民营企业的创新意愿和创新动力更强。

民营经济用近 40% 的资源，创造了中国 60% 以上 GDP，缴纳了 50% 以上的税收，贡献了 75% 以上的技术创新和新产品开发，提供了 80% 以上的城镇就业岗位和 90% 以上的新增就业岗位，发展成为社会主义市场经济的重要组成部分和中国经济社会发展的重要基础。特别是，民营企业机制灵活、贴近市场，在优化产业结构、推动技术创新、促进转型升级等方面力度大、成效好。据统计，中国 65% 的专利、75% 以上的技术创新、80% 以上的新产品开发，是由民营企业完成的。实践证明，凡是民营经济发展较好的地区，那里的就业就比较充分，那里的市场发育程度就比较成熟，那里的经济就充满生机活力，人民生活就比较富裕，社会就和谐稳定，民营经济在国家整体国民经济顶层设计中的地位更加日益凸显。

更加引人注目的是，中国民营企业核心竞争力和整体实力大幅提升，涌现出了华为、联想、阿里巴巴、腾讯等一批具有全球竞争力的大型高科技民营企业，成为新时代引领中国民营经济高质量发展的重要标杆企业。2012 年，中国民营企业 500 强入围门槛为 65.69 亿元，其中营业收入总额超过 1000 亿元的只有 7 家企业。2018 年，民营企业 500 强入围门槛增长到 156.84 亿元，是 2012 年的 2.4 倍，其中，营收总额超过 1000 亿元的有 42 家，比上一年增加 15 家，500 亿到 1000 亿元之间的则有 91 家，比上一年增加 27 家。2018 年中国企业 500 强中，民营企业达到 237 家，比去年增加了 11 家，比 2012 年增加了 47 家。

目前，已经有越来越多的民营企业开始涉足高新技术、现代服务等高端产业，包括新一代信息技术、生物技术、新能源、新材料、新能源汽车等战略性新兴产业，在互联网、高科技等前沿领域，一大批民营企业迅速发展壮大，很多企业都取得了不菲的成绩，甚至已经具备了很强的国际竞争力。未来，新一轮科技革命加速推进、新兴产业不断兴起必将进一步带动大批民营企业参与其中，新经济蓬勃发展，新的发展模式、产业模式不断涌现，再加上民营企业产权清晰、经济利益关系明确，具备创新发展的内生动力和良好机制，民营企业家更加勇于突破、敢于承担风险，这些都是中国转变发展方式、推动新旧动能转换、建立现代化经济体系、实现高质量发展的重要推动力量。

四、进一步为非公经济发展创造良好环境

尽管国家先后出台了"非公经济 36 条""民间投资 36 条""鼓励社会投资 39 条""激发民间有效投资活力 10 条"《关于深化投融资体制改革的意见》等一系列政策措施，在国家宏观政策层面为非公有制经济发展进一步扫清了障碍，但是中国民营企业发展遇到的最大外部环境问题仍是市场准入问题。与国有经济、外资经济相比，由于固有观念的束缚，民营经济发展所受到的行政制约和政策制约依然较严重，一些民营企业甚至因政策的所有制歧视而陷入经营困境，民营企业运作中的有关行为还在相当程度上继续受到行政机制的制约。受计划经济、国有观念、惯性思维及政策因素的制约，诸如石化、电信、汽车、航空、航运、电力、烟草、外贸、银行、证券、保险等众多高利润产业部门，基本由国有经济垄断，民营企业进入这些产业部门困难重重。

中国非公经济在回报率较高的垄断行业、社会事业、基础设施和公共服务等领域仍存在"玻璃门""弹簧门"等市场准入障碍；银

行等金融机构对民营企业也存在"重大轻小"的"规模歧视"和"重公轻私"的"所有制歧视"，而多层次资本市场体系尚未健全，这使得民间资本难以转化为民间投资，也使得民营企业缺乏资金支持。对民营企业平等准入、公平待遇的原则，目前在有些地方、有的领域还没有完全落实。有的地方政府不尊重非公经济产权，有的国有企业利用自身垄断优势，在房地产、酒店业等竞争性领域无度扩张，使民营企业的生存和发展空间受到挤压，对广大民营企业发展信心产生不利影响。

党的十八大以来，党中央、国务院高度重视民营企业和非公经济发展。党的十八大提出"要保证各种所有制经济依法平等使用生产要素、公平参与市场竞争、同等受到法律保护"，党的十八届三中全会进一步提出"坚持权利平等、机会平等、规则平等，废除对非公有制经济各种形式的不合理规定，消除各种隐性壁垒，制定非公有制企业进入特许经营领域具体办法"。随后"鼓励社会投资 39条""激发民间有效投资活力 10 条""促进民间投资 26 条"《关于深化投融资体制改革的意见》等一系列促进民间投资和民营经济发展的政策措施相继出台，从国家宏观政策层面为民营经济发展营造了更加公平、开放、宽松的政策环境。十九大报告进一步指出，要支持民营企业发展，激发各类市场主体活力，要努力实现更高质量、更有效率、更加公平、更可持续的发展。要全面实施市场准入负面清单制度，清理废除妨碍统一市场和公平竞争的各种规定和做法。

总的来说，一是积极推进简政放权优化服务相关改革。十八大以来，围绕简政放权放管结合优化服务，深化商事制度改革，打破行政性垄断，防止市场垄断，加快要素价格市场化改革，放宽服务业准入限制，完善市场监管体制。通过注册资本登记制度改革、"先照后证"改革、"多证合一"登记制度改革、简易注销等一系列改革举措，努力提升企业注册便利化程度，激发市场活力，推动形成大众创业、万众创新新格局，夯实了经济发展的微观基础，促进了新产业新业态蓬勃发展，为经济转型升级提供了新动能。同时，加快构建"亲""清"新型政商关系，持续改善营商环境，促进非公有制经济健康发展和非公有制经济人士健康成长，国际营商环境排名大幅提升，也在一定程度上提高了国际竞争力和影响力。

二是加快完善平等保护产权的体制机制。有恒产者有恒心，民营企业家的信心、安心、专心对民营经济发展十分重要。党的十八届三中全会明确提出，公有制经济财产权不可侵犯，非公有制经济财产权同样不可侵犯。在此基础上，党和国家不断推进平等保护各类所有制经济产权的法治化进程。2016 年 11 月，中共中央、国务院颁发《关于完善产权保护制度依法保护产权的意见》，明确了平等保护、全面保护、依法保护、共同参与、标本兼治六项原则，要求加强各种所有制经济产权保护，完善平等保护产权的法律制度，妥善处理历史形成的产权案件，严格规范涉案财产处置的法律程序，审慎把握处理产权和经济纠纷的司法政策，完善政府守信践诺机制，完善财产征收征用制度，加大知识产权保护力度，营造全社会重视和支持产权保护的良好环境。目前，完善产权保护制度、平等保护各类产权相关工作正在扎实推进，并取得明显成效。

三是重视弘扬企业家精神发挥企业家作用。企业家精神是社会的稀缺资源，是市场经济的活力之源。十八大以来，党中央非常关心企业家队伍成长和作用发挥，高度重视企业家精神培育和民营经济发展。2014 年 11 月，习近平同志在亚太经合组织工商领导人峰会上指出，我们全面深化改革，就要激发市场蕴藏的活力。市场活力来自于人，特别是来自于企业家，来自于企业家精神。2017 年 9 月，中共中央、国务院印发《关于营造企业家健康成长环境弘扬优秀企业家精神更好发挥企业家作用的意见》，充分体现了以习近平同志为核心的党中央对企业家群体、企业家精神、企业家作用的高度重视。《意见》提出了一系列重要理论观点、政策举措和制度安排，把民营企业家作为企业家队伍的重要方面，对做好民营企业家培育、引导和保护工作提出了明确要求。十九大报告中再次强调激发和保护企业家精神，对于全社会正确认识和弘扬优秀企业家精神，营造尊重企业家、尊重纳税人、尊重创新创业者的良好环境，有效激发市场主体活力和民营经济创新能力，促进经济社会平稳健康可持续发展具有十分重要的意义。

　　未来，必须要严格按照习近平总书记"一分部署、九分落实"的要求，细化政策措施，制定、完善相关配套措施和实施细则，提升政府为非公经济发展服务的效率和质量。构建新型政商关系，稳定民营企业家预期，既要鼓励领导干部积极作为、靠前服务，坚持"不能有贪心私心、不能搞权钱交易"；又要鼓励企业家在法律的框架内积极主动同各级党委和政府部门多沟通多交流，坚持"洁身自好、走正道"。进一步切实落实好减税降费政策措施，多措并举降低民营企业成本，解决好民间资本"不愿投不敢投"的问题。要完善相关政策措施落实的监督考核机制，纳入干部考核范围。加快建立改革创新容错机制，允许改革试错、犯错，不允许不改革，对于落实相关政策措施失误而导致的一些问题，应有足够的宽容。对于改革方向正确，没有原则性的失误和错误，应当采取包容的态度，鼓励大胆改革和创新，为广大民营企业和民营企业家带来实实在在的好处，提振民营企业转型升级、高质量发展的信心和决心。

第六章 政府与社会：从"管理"迈向"治理"

1995 年 9 月 4 日联合国第四次世界妇女大会在北京国际会议中心举行，189 个国家和地区的代表，联合国系统各组织和专门机构及有关政府间和非政府组织的代表共 1.7 万余人出席了会议。与此同时，作为大会辅助性会议的非政府组织妇女论坛在北京怀柔召开，与会总人数达 31549 人，其中境外与会者 26549 人，中国与会者 5000 人。这在当时是中国政府承办的规模最大的盛会，也是中国政府第一次与国外非政府组织接触。1995 年的怀柔还不是现在的"会都"，没有如今的接待能力，3 万多人的非政府组织妇女论坛顺利地开展，让怀柔成为世界的焦点，很多在怀柔的居民记录下了这一时刻：

每天清晨，31000 多名来自世界各地 2000 多个民间组织的姐妹们，身着五颜六色的服装，成群结队从怀柔 32 家饭店和分布在 6 个小区的 60 多栋公寓走出，像溪流般分散到各个会场，如潮涌般奔波于 5000 多场研讨会和 1000 多场各种活动中。使怀柔的大街小巷充斥着来自世界各地的红粉佳人，大街上怀柔人成了绝对的少数派。①

---

① 《回顾怀柔 95 世界妇女大会 NGO 论坛》，新浪微博 2017 年 5 月 18 日，http://blog.sina.com.cn/s/blog_56ee0e700102xlxs.html。

如此盛大的会议论坛，放在北京的东北部远郊区，国内外媒体对此解答纷繁，国外 NGO 组织"妖魔化"与"天使化"的论断充斥在社交媒体上。但有一点是肯定的，中国主动与国外非政府组织去接触，公众也开始对非政府组织有了了解，这是中国非政府组织发展的一个里程碑，也是中国政府与社会关系变化的里程碑。新中国成立以来，中国政府与社会的关系不断变迁，从政府与社会同构的"一元"社会管理格局，到改革开放后政府与社会的逐渐分离，社会组织快速发展，多元共治主体出现的"政府—社会"管理格局，再到党的十八大以来构建共享共治共建的社会治理格局，是政府不断向社会赋权；从管理迈向治理，是政府治道的升华。

第一节　全能政府的实践：政府"一元"社会管理格局

新中国成立后到改革开放前，中国政府与社会的关系呈现的是同构一体的特征：政治方面，采取高度集中的管理方式，建立了中央到地方的五级管理体系，并将各个行业、各个部门纳入管理范畴；经济方面，通过公有制改造建立了高度集中的计划经济体制，政府统一计划、统购统销、统负盈亏；社会方面，政府统一部署社会事务、统一组织社会活动。这样，政府成为"无所不管、无所不包"的全能型政府，社会因缺乏结构和功能而成为整体性社会，个人因缺乏自主性而成为只能被动服从的个体①。

---

① 何增科：《中国社会管理体制改革路线图》，国家行政学院出版社 2009 年版，第14 页。

一、全能政府的运行机制

中国全能政府的实践是建立在政府"一元"社会管理模式基础之上的，主要运用三大机制对社会进行管理，在农村，建立人民公社制；在城市，建立单位制；农村与城市之间，实行户籍制，限制农村与城市人口的流动。

一是在农村，建立人民公社制。新中国成立初期进行土地改革，摧毁了地主土地占有制，在广大农区地主的土地被无偿地分配给了农民，并进行了农业生产互助合作。为了使集体化更加深入下去，1955年底全国人大常委会做出规定，将土地统归集体所有，生产互助组转变为初级社或高级社，农业生产合作社实行按劳分配。为了使政权与生产组织合为一体，1958年开始建立人民公社，以"三级所有，队为基础"为原则，即生产资料所有制形式在三种程度上，分别属于人民公社、生产大队和生产队所有，生产队是组织劳动的基本单位，允许社员有少量的自留地，社员自留地不得充公与任意调换。农牧民加入人民公社，共同生产、共同生活，学习、教育、娱乐也在集体中完成。

二是在城市，建立单位制。单位制是在新中国成立后，随着党的系统向一切社会组织延伸中确立起来的，"是把自上而下的行政权力、军事化组织方法和向往平均主义大同世界的群众激情当作克服理想与现实矛盾的手段"①。在对社会的重新组织过程中，单位制成为控制和调节整个社会运转的中枢系统，单位成为新中国一切社会组织的基本形式，与党的组织系统行政组织密切结合。城市的社会管理制度中主要以单位制管理为核心，辅之以街道—居委会管理体

---

① 路风：《单位一种特殊的社会组织形式》，《中国社会科学》1989年第1期。

系。单位制是将城市社会成员纳入其中，国家通过单位配置社会资源，单位则对其所属成员进行再分配。一般而言，被纳入单位的成员医疗、养老、教育、子女就业，几乎一切社会需求都由单位来提供。而没有纳入单位的成员，如无工作人员、民政救济、社会优抚对象，则被街道—居委会体系所管理。

三是农村与城市之间：实行户籍制。新中国成立后，中华人民共和国的户籍制度开始实施。1950 年公安系统在内部颁布了《特种人口管理暂行办法（草案）》，对部分重点人口进行管理，这是新中国户籍制度开始的起点。1949 年到 1957 年，农牧民可以在农牧区与城镇自由搬迁和居住。1958 年 1 月颁布了《中华人民共和国户口登记条例》，第一次明确规定，根据地域和家庭成员的关系将户籍属性划分为农业户口和非农业户口，对这两部分人群的自由流动进行严格限制和政府管制。在城市与乡村之间，政府通过统购统销，切断城乡之间的市场联系；并依据户籍制度将城乡居民限定在某一行政区域，使其截然分开。政府通过禁止区域间流动的方式，实现对社会的管理与控制，进而保持社会的有序状态。

二、高度依附的社会组织

新中国成立后，政府通过"一元"社会管理模式，实现对整个社会的整合和新的社会秩序的建立，对社会组织进行了清理和整顿。1950 年国务院颁布《社会团体登记暂行办法》，1951 年中央人民政府内务部制定了《社会团体登记暂行办法实施细则》，这是新中国成立后第一部关于社会组织的专项法规。根据《办法》和《细则》，将社会团体分为五类：人民群众团体、学术研究团体、社会公益团体、文艺工作团体、宗教团体等，对遗留下来的互益组织、慈善机构等社会团体进行了改造、整顿、取缔，民间结社活动的空间越来越狭窄。取而代之的是，1958年相继自上而下组建的工会、共青团、妇联等人民团体和作家协会、戏剧家协会等免予登记的社会团体，这些社会团体迅速发展。据统计，"到1965年，全国性社团由解放初期的44个发展到近100个，地方性社团发展到6000多个"[①]。1966年开始发生"文化大革命"，经济社会发展基本停滞，社会组织的发展也基本陷入了瘫痪和停滞状态。

在国家与社会同构一体化时期，"权力高度集中，以控制型秩序为导向的组织形态获得了社会认可，并以此建立起整个社会的结构框架"[②]，中国社会组织表现出对政府高强度的依附性和组织功能上的政治化倾向，社会组织成为政府政治职能的延伸。如人民团体和未登记的社会团体，从登记、注册之日起，就按照国家意志肩负着党和政府联系人民群众的桥梁与纽带，成为政治角色担当的社会组织。从资金来源来看，这一时期社会组织的资金来源主要是由政府财政支持，一些社会组织由政府全额拨款，如八大人民团体组织资源由财政供给；还有一些社会组织是政府拨款与自筹相结合，如一些学术性组织既由政府拨款，也接受社会捐赠。从组织结构来看，这一时期社会组织同政府组织一样，具有严密的组织结构、完善的规章制度和严格的上下层级关系。从工作职能来看，它们是为了适应政府工作而建立的，政府也赋予了它们相应的职责，它们成为政府中不可缺少的一个职能部门。综上，政府通过财政拨款、级别核定和编制任免等方式对社会组织进行管理，加剧了社会组织对政府

---

① 黄晓军：《浅析我国第三部门的发展与制度创新》，《探索与争鸣》2003年第8期。
② 王名：《中国民间组织30年——走向公民社会》，社会科学文献出版社2008年版，第189页。

的依赖，社会组织对政府具有高度的依附性，可以说这一时期不存在真正意义上的社会组织。

三、"一元"社会管理格局的本质特征

这一时期，中国社会管理的本质就是对社会的整合与控制，特别是对人的控制，通过人民公社与单位将城市和农村居民限定在各自的区域，形成了城乡二元结构，并通过户籍制度将其固化，社会中的各种活动都要受到这两个组织的管理，社会组织由于高度依附政府缺乏自身的独立性，成为政府职能的延伸。这一切都共同围绕一个目标，即政府通过党的领导对社会资源和成员的高效整合与控制，从而实现社会的稳定和秩序。

一是政府对社会的整合和控制。社会整合的基本功能就是调整和协调社会中的不同矛盾与冲突，防止社会结构的失控引发整个社会的混乱，进而保持社会的秩序化与规范化。新中国成立后，面对严峻的国内与国际形势，通过对社会的整合与控制，建立起稳定的秩序尤为重要。单位制就是一种有效的整合和控制机制，并在此基础上形成了统一安排、统一分配的城市就业制度。国家获得了大部分社会资源控制权和配置权，约束着社会组织和社会成员，整个社会具有较高的同质性，社会的整合能力也较强。

二是"强国家—弱社会"的双向固化。"一元"社会管理格局强调的是政府对社会的整合和控制，必然会产生"强国家—弱社会"的状况，国家只有具有强大的整合和动员能力，才能保证自身的行政权力畅通，而微薄的社会力量不足以对社会进行管理，强国家在一定程度上替代社会实施社会管理职能。在"强国家—弱社会"的状况下，国家对社会实行全方位的管理，社会的主体是国家—政府

行为，整个社会的运行完全是一种"国家机制"，社会成为了国家的附属物，进一步强化了"一元"社会管理格局。

三是个体成员权利的缺失。"一元"社会管理格局下，政府对社会资源的控制一定程度上满足了单位职工的基本生活需求，这也造成民间没有任何独立提供资源的机会，强化了个体成员对单位的依附，任何个体成员只能通过单位从政府获得劳动报酬、社会福利与保障等。比如在就业选择上，政府统一确定身份、统一安置工作，个体成员丧失了基本的社会管理参与权，甚至一些私生活，包括服饰衣着都被严格地管理起来，灰蓝色成为主色调，"干部服""列宁装""劳动服"、军装成为时尚，在"文化大革命"时期服饰甚至成了划分阶级或进步与反动的标准，女同志穿花衣服、穿旗袍、穿高跟鞋、烫头发，都被视为"四旧""封资修"。

第二节 向社会赋权："政府—社会"管理格局

中国改革开放以来，国家对基层的主导转向了市场经济，经济建设成为工作的中心，社会主义市场经济体制开始建立，政府通过经济放权，逐渐撤出了部分经济领域。同时，国家逐渐将活动中心转向社会服务与社会发展，发展基层自治组织和推动社区发展，开始向社会赋权，政府与社会逐渐分离，社会力量开始产生和发展，获得了一定的成长空间，"政府—社会"管理格局确立。

一、政府向社会赋权

随着社会主义市场经济体制改革的全面展开，国家颁布各种制度政策使得之前与政府重叠的社会作为行为主体开始同政府发生互动，政府主动向社会赋权，政府与社会之间逐渐出现了界限。中国政府不再具有全能性，不再是社会公共事务的唯一主宰，对社会资源和成员的整合与控制逐渐松动，社会资源和成员开始流动，农村人民公社的取消、城市单位制的瓦解，以基层政权选举为代表的政治民主化稳步推进，社会开始自我培育与成长。

一是取消人民公社制。在农村，农地集体所有、统一经营制度、政社合一的人民公社对农民实行统一领导、分级管理，从而政府形成了严密的管理体系，控制着农民的生产和生活。人民公社制的实施，为农村经济发展提供资金积累和劳动积累，确保了农村社会与秩序的稳定，但却严重压抑了社会的活力，无法调动农民的劳动积极性，忽视了劳动质量和劳动效果，兼有行政特征的人民公社存在着治理问题，阻碍了农村社会的发展。20 世纪 70 年代末期，一些地方进行包产到户，取得良好效果，党的十一届四中全会通过了《中共中央关于加快农业发展若干问题的决定》，对包产到户开了口子。1980 年邓小平就农村政策发表谈话，认为一些适宜搞包产到户的地方，包产到户的效果好、变化快，包产到户不影响集体经济的发展。1980 年 9 月 27 日，发布了《中共中央印发〈关于进一步加强和完善农业生产责任制的几个问题〉的通知》，充分肯定了各种形式的责任制，并支持和响应群众要求，既可以包产到户，也可以包干到户。在中央的大力支持和倡导下，家庭联产承包责任制迅速在全国推行。家庭联产承包责任制的实施，人民公社运行基础得以瓦解，极大地激发了农民生产的热情，解放了农村的生产力，进而为整个社会带来了发展活力。

随着人民公社运行基础的瓦解，以前由人民公社承担的一些经济、社会职能，如集体资产管理、人民调解、社会治安、农业生产基础设施等无人组织，无人负责，农村公共事务管理出现了无序状态。在这一背景下，1980年，广西河池地区的宜山（现为宜州市）、罗城两县的农村，农民们自发组建了新的组织——村民委员会，取代了生产大队、生产队组织职能，维持农村社会秩序。村民委员会的出现，受到党和国家的重视和肯定。1982年12月第五届全国人民代表大会第五次会议通过的《中华人民共和国宪法》确认了村民委员会的合法地位，"城市和农村居民居住地区设立的居民委员会或者村民委员会是基层群众性自治组织。居民委员会、村民委员会的主任、副主任和委员由居民选举。居民委员会、村民委员会同基层政权的相互关系由法律规定"，从而为农村基层社会治理指明了方向。1987年11月第六届全国人大常委会第23次会议通过了《中华人民共和国村民委员会组织法（试行）》，标志着村民自治作为一项新型群众自治制度在法律上正式确立下来。1998年10月，党的第十五届三中全会通过了《中共中央关于农业和农村工作若干重大问题的决定》，明确指出扩大农村基层民主，实行村民自治，要求全面推进村级民主选举、民主决策、民主监督和民主管理。同年11月，第九届全国人大常委会第五次会议讨论通过了《中华人民共和国村民委员会组织法》，中国村民自治步入制度化、规范化、全面推进的阶段。

二是单位制开始瓦解。在城市，随着经济体制改革的深入，很多单位体制外的组织开始萌生，为单位体制内的成员提供更多的发展机会，对体制内的成员产生了很大的诱惑，导致单位成员向体制外流失。国有企业平均主义掩盖下的"低效率"原则与市场经济"自由平等""优胜劣汰""高效"原则相违背，单位逐渐从"管理型"向"利益型"转化，一些单位组织受到市场经济冲击出现破产改制。20 世纪 90 年代中期，一大批国有企业严重亏损、资不抵债，陷入困境，多达上千万的职工失业和"下岗"，政府鼓励国有企业转制、破产、变卖，这些都标志着单位制瓦解。

单位制的瓦解使大量社会问题社区化，大量社会事务融入社区。改革开放前，单位作为城市社会管理基本单元，大量的社会事务不出单位就可以解决，也就是所谓的"单位办社会"。随着单位制的瓦解，"单位办社会"的多元化职能向社会回归。2000 年国务院转发了《民政部关于在全国推进城市社区建设的意见的通知》，为城市社区发展提供了法律支撑。2005 年 1 月 13 日，中央决定在中央企业中全面推进分离单位办社会职能工作，财政部安排了专项资金，决定在东北先行试点。一汽集团于 2005 年底与省政府签署企业分离办社会职能的移交协议，长春市为承接汽车厂剥离的社会职能，专门成立了汽车产业开发区。汽车产业开发区"行政管辖面积 110 平方公里，管辖 2 个街道办事处（12 个社区），9 个半行政村。建成区面积 23 平方公里。区内总人口 22.3 万人，其中非农人口 19 万，全区各类企业 3160 余户"[1]。国家为了推动城市社区的建设，出台了《关于加快发展社区服务业的意见》《全国社区建设示范城标准》等一系列政策文件，与此同时城市社区居委会也得到了发展。1980 年 1 月，全国人大常委会重新颁布和实施了城市居民委员会组织法。1982 年，重新颁布的《中华人民共和国宪法》首次在根本大法中明确规定了居委会的性质、任务和作用。在民政部门的指导下城市社区居民委

---

[1]《汽开区概况》，汽车区管委会官方网站，2015 年 12 月 27 日，http://www.caida.gov.cn。

员会工作逐步走上正轨。1989 年，全国人大通过了《中华人民共和国城市居民委员会组织法》，为城市居民自治提供了法律保障，社区居民委员会基本上承担了单位剥离出来的社会管理功能。

三是放开户籍制度。20 世纪 80 年代以来，随着市场化的推行，国家逐步放开了对农畜产品收购、流通的限制，农村经济结构发生了变化，以前以自给自足为主，逐渐变为农产品商品化经营，这一趋势强化了农民进入城市的要求。1984 年，中国农村出现了卖粮难的问题，政府有关部门选择若干集镇进行试点，国务院发布了《关于农民进入集镇落户问题的通知》，允许来城镇务工、经商、办服务业的农民自理口粮到城镇落户，这一主张的提出表明政府对农民户籍管理开始松动。1985 年 7 月，《公安部关于城镇暂住人口管理的暂行规定》的出台标志着城市暂住人口管理制度走向健全，同年 9 月，作为人口管理现代化基础的居民身份证制度颁布实施。随着农村经济市场化和农民进城的要求越来越强烈，1986 年中央一号文件，明确指出"允许农民自理口粮进城务工经商"[①]。20 世纪 90 年代以后，全国各地先后放开了粮食及其他产品价格，实行购销同价，限制农牧民人口流动的粮票制度被取消，同时正式出台了允许农牧民就业的管理办法。1997 年 6 月，《国务院批转公安部小城镇户籍管理制度改革试点方案和关于完善农村户籍管理制度意见的通知》出台，规定已在小城镇就业、居住、并符合一定条件的农村人口，可以在小城镇办理城镇常住户口。户籍制度改革取得了重大突破，中国的农民获得了进城自由的外部条件。2001 年 3 月颁布的《国务院批转公安部关于推进小城镇户籍管理制度改革意见的通知》，明

---

① 温铁军：《我们是怎样重新得到迁移自由的》，《中国改革》2002 年第 5 期。

确规定对办理小城镇常住户口的人员不再实行计划指标管理，小城镇户籍制度改革全面推进。

二、社会组织自主性增强

改革开放以来，中国社会逐渐被赋予了更多的权利，社会组织发展环境越来越宽松，自主性逐渐增强。改革开放后到新时期前，中国社会组织经历了几个不同的发展时期：1979 年至 1988 年，社会组织呈现出爆发式增长，但发展处于无序状态；1989 年以后，政府对社会组织进行了一定程度的整顿，控制社会组织无序发展局面，到 1998 年经过两次整顿后，颁布《社会团体登记管理条例》，社会组织被逐年纳入制度化、法制化轨道；党的十六届三中全会以来，政社分开已经成为一种共识，党的十七大明确提出"社会组织"一词，社会组织在数量、功能领域逐渐扩展，社会组织的自主性更为增强。

一是社会组织爆发式增长（1979—1988 年）。随着政府对社会的逐渐放权，每个政府部门都具有成立社会组织的权利，这一时期社会组织爆发式增长。1978 年中国只有 78 家学会和研究会等，到 1979 年的时候就新增了 171 家，达到了 249 家。据中国科协 1988 年统计数据，整个 20 世纪 80 年代中国社会组织以每年 300 家的速度递增①，尤其是经济领域里的服务组织增长速度最快，学会组织、基金会为主体的公益类组织等各类社会组织开始涌现。截止到 1989 年，全国性社会组织达到 1600 多个，地方性社会组织到达 20 多万个。这一时期，社会组织快速发展但却呈现出无序的状态，1989 年

---

① 田良木、沈晓丹：《中国科协国家统计局首次发布资料我国现有科技社团 146 个》，《人民日报》1988 年 6 月 11 日。

国家开始对社会组织进行整顿。

二是社会组织进入制度化与法制化轨道（1989—2002年）。为了控制社会组织无序发展，1989年国务院颁布了《社会团体登记管理条例》，明确规定社会团体必须在民政部门登记。1990年国家对社会组织进行了第一次清理整顿，国务院办公厅转发了民政部关于整顿和清理社会团体的文件，对社会组织强化统一登记注册管理，把社团管理工作纳入制度化、法制化的轨道。据统计，经过一年的整顿清理后，全国性社团由原先1600多个减少到1200多个，地方性社团由原先20多万个减少到18万个左右[①]。1995年中国成功举办联合国第四次妇女大会和非政府组织妇女论坛，政府第一次主动与国外非政府组织接触，公众对非政府组织开始有所了解，一些独立性较强的非政府组织开始成立。随着事业单位的一些服务领域向民间开放，一些"民办事业单位的"社会组织开始出现，为了将其统一纳入管理体系，建立更具包容性的管理体制，1996年民政部制定《社会团体年度检查暂行办法》，1997年民政部依照这一办法通过年检的形式对社会组织进行了第二次清理整顿，经过整顿和相关制度建构，社会团体、基金会和民办非企业单位均被纳入国家统一的登记管理体制中。1998年国务院对《社会团体登记管理条例》进行了重新修订并发布实施，确立了社会组织管理的三个基本原则：分级管理原则、双重管理原则、非竞争性原则，也进一步提高了社会组织登记注册的门槛和监管力度。

三是社会组织自主性逐渐增强（2003—2012年）。2003年党的十六届三中全会召开，从"政社分开"的角度，指出要加强社会组

---

① 吴忠泽、陈金罗：《社团管理工作》，中国社会出版社1996年版，第7页。

织建设，发挥各类社会组织的作用。2004 年与 2005 年《基金会管理条例》《民间非营利组织会计制度》等相关法律颁布实施，为社会组织提供了法律支持。2007 年党的十七大胜利召开，在十七大报告中明确使用了"社会组织"这一概念代替了一直沿用的"民间组织"，对社会组织发展产生了深远的影响。中国社会组织得到了快速发展，首先是数量上大幅增长。据统计，在 2008 年底中国社会组织达到 41.4 万个，同比增长 7%；其次是社会组织涉及的功能领域在扩展，业务范围涉及科技、文卫、体育、环保、社会中介、法律、工伤服务、农村专业合作等各个领域；再次是一些相对独立的公益性组织大量成立。社会组织的自主性增强还表现在筹资渠道的多样化，社会捐赠逐渐成为政府投入后的又一大收入来源，同时社会组织自募能力的增强，经营性收入也成为其收入的主要来源。

三、"政府—社会"管理格局的主要特征

改革开放以来，中国社会管理格局随着经济体制的改革，逐渐从政府"一元"管理格局转向了"政府—社会"管理格局，并呈现出以下几个特点：社会管理重心下移，管理权力从政府垄断到分权；社会管理多元主体开始出现，从政府一元管理到社会组织等多元参与；社会管理走向法制化，从过去的人治走向法治；社会管理由控制为主转向管制与服务结合。

一是社会管理重心下移。改革开放以来，从政治意义上可以说是从国家与社会的高度一体化到逐渐分化的过程，这一过程的主体就是政府向社会赋权。首先是政企分开，政府将经营权、决策权、人事权下放给企业，企业自负盈亏。其次是中央政府大幅度地将权力下放给地方政府，地方政府管理的权力大大增加；最后就是政府

对户籍的管理逐渐放松，居民的自由性和流动性逐渐增大。同时，党和国家将部分权利返给社会后，仍然需要对社会和个人进行有效的管理。

二是社会管理多元主体开始出现。改革开放以来，经济主体多元化和经济运行市场化为基本内容的市场经济体制改革促进了一个相对自主社会的形成，在农村人民公社制的瓦解，在城市单位制的瓦解，村民自治、社区自治广泛开展，原先的"单位人"被"社区人""社会人"所代替。随着政府对社会管理范围的缩小和行政控制力度的减弱，从一些社会管理领域撤出后，社会组织快速发展并填补了这一真空。同时，社会管理政务的公开，社会参与的制度逐渐健全与规范化，有力推动了社会管理中社会成员的广泛和自主参与，进一步催生了社会管理的多元主体。

三是社会管理走向法制化。中国改革开放的过程就是一个民主法治推进的过程，逐渐在构建社会管理法制化程序，提高法律在社会管理中的约束力和权威。1989年城市居民委员会组织法的颁布，标志着中国城市管理法制化拉开序幕；2000年《民政部关于在全国推进城市社区建设的意见的通知》，为城市基层社会管理体制改革提供了制度支撑和法律支撑。特别是在社会组织领域，从1989年的《社团管理条例》开始，出台了一系列法律法规，特别是进入20世纪90年代后，这些法律法规的层次更高、专业性更强、可操作性更强，不仅为社会管理体制构建提供制度依据，也对社会成员的行为、参与社会管理的方式等进行了一定程度的约束，社会管理走向法制化。

四是社会管理由控制为主转向管制与服务结合。1998年政府机构改革首次明确提出了"社会管理"的概念，指出："要把政府职能切实转变到宏观调控、社会管理和公共服务方面来，把生产经营的权力真正交给企业。"社会管理体制改革主要围绕民生领域，集中在收入分配、住房制度、教育制度、养老制度、医疗制度等方面，由计划经济时期的控制为主，转向管制与服务相结合，更加注重为社会提供公共服务的供给。

第三节　政府治道升华：共建共治共享的社会治理格局

党的十八届三中全会通过《中共中央关于全面深化改革若干重大问题的决定》，首次提出"社会治理"和创新社会治理体制，党的十九大报告再次明确指出，"加强和创新社会治理"，"打造共建共治共享的社会治理格局"。中国从社会管理到社会治理，仅仅一字之差，体现的是"系统治理、依法治理、源头治理、综合施策"，是全能政府到"经济调节、市场监管、社会管理、公共服务"有限政府的转变，是政府一元主导到社会组织参与的多元共治，是行政手段的管控到"社会协同"和"公众参与"，是来自改革开放以来的改革探索和实践经验，是政府治道的升华。

一、十八大以来社会治理体制改革

党的十八大以来，中国社会领域改革创新的一个重大成果，就是实现了从"社会管理"到"社会治理"的新飞跃，党的十九大报告明确提出"完善党委领导、政府负责、社会协同、公众参与、法治保障的社会治理体制"，确立了推进国家治理体系和治理能力现代化的重大战略部署，主要有五大核心体制的变革和创新：户籍管理体制、社会信用体制、社会组织体制、城乡社区体制、社会保障体制。

一是户籍管理体制。户籍制度改革牵一发而动全身，党的十八大以来中国不断破除城乡劳动力流动壁垒，推进社会治理体制改革。2014 年 7 月，国务院印发《关于进一步推进户籍制度改革的意见》，新一轮户籍制度改革正式启动：一是建立城乡统一的户口登记制度，取消农业与非农业户口区分；二是以合法稳定就业与稳定住所为条件，全面放宽落户门槛，实现各大中小城市零门槛落户；三是全面实行居住证制度，除一些少数特大城市外，农民工等进城务工人员基本可以通过居住证享受到基本公共服务。之后，《居住证暂行条例》《关于深入推进新型城镇化建设的若干意见》《推动 1 亿非户籍人口在城市落户方案》等相继出台，逐步实现城乡居民无差别享受基本公共服务，将户籍与城市福利脱钩。

二是社会信用体制。2014 年 6 月，《社会信用体系建设规划纲要（2014—2020 年）》颁布和实施，明确提出未来中国社会信用体系将建成以健全信用法律法规和标准体系、形成覆盖全社会的征信系统为基础，以推进政务诚信、商务诚信、社会诚信和司法公信建设为主要内容，以推进诚信文化建设、建立守信激励和失信惩戒机制为重点，以推进行业信用建设、地方信用建设和信用服务市场发展为支撑的制度体系。2014 年 8 月，中央文明委印发《关于推进诚信建设制度化的意见》，从 2014 年开始中国社会开始步入以社会信用体系建设为核心的社会治理革命的新阶段。2016 年，团中央、国家发改委、人民银行联合发布《青年信用体系建设规划（2016—2020 年）》，同年 5 月国务院印发《关于建立完善守信联合激励和失信联合惩戒制度加快推进社会诚信建设的指导意见》，社会信用前所未有地影响着经济发展和社会生活。

三是社会组织体制。党的十八大以来，中央对社会组织改革发展作出一系列重大决策部署，明确提出要加快形成政社分开、权责明确、依法自治的现代社会组织体制。从行业协会来看，2015 年 7 月，中办国办印发《行业协会商会与行政机关脱钩总体方案》，随后到 2017 年分别公布三批脱钩试点名单。2017 年 1 月，国家发改委、民政部等 10 部门联合印发《行业协会商会综合监管办法（试行）》，行业协会脱钩改革进入全面深化阶段。从社会组织来看，2015 年 7 月《中共中央关于加强和改进党的群团工作的意见》颁布，随后《全国总工会改革试点方案》公布，上海、重庆等地群团改革试点方案也随之公布，群团组织改革在全国范围内正式展开。同年 9 月，中办印发《关于加强社会组织党的建设工作的意见（试行）》确立了以党建引领社会组织治理创新的重要政治方向。

四是城乡社区体制。2015 年 7 月，中办国办印发《关于加强城乡社区协商的意见》，有力推动了城乡社区协商的制度化、规范化和程序化发展。同月，民政部、中组部印发《关于进一步开展社区减负工作的通知》，明确指出全面推行"社区工作准入制"，建立健全社区权力正负清单制度。2017 年 6 月 12 日，中共中央、国务院《关于加强和完善城乡社区治理的意见》的颁布和实施，针对当前城乡社区治理面临的突出短板，提出了全面强化基层党组织的核心作用、基层政府的主导作用、基层群众自治组织的基础作用和社会力量的协同作用，成为新的历史条件下推进中国社区建设的纲领性文件和行动指南。

五是社会保障体制。十八大以来，党和国家高度重视更好保障和改善民生，社会保障体制发展迅速。2014 年 2 月，国务院颁布《社会救助暂行办法》，第一次以行政法规的形式综合构建了政府救助和社会力量参与相结合的社会救助制度体系，成为中国社会救助事业发展的一个重要里程碑。2015 年 8 月，国办印发《关于全面实施城乡居民大病保险的意见》，对建立完善城乡大病保险制度，避免因病致贫、因病返贫问题具有重大意义。2015 年 1 月，国务院发布《机关事业单位工作人员养老保险制度改革的决定》，这标志着中国长期实行的"养老金双轨制"破冰，开始进入并轨阶段。2016 年 3 月，发布的国民经济和社会发展的"十三五"规划纲要，明确指出要完善统账结合的城镇职工基本养老保险制度，以及养老保险金合理调整机制。2016 年 4 月，人力资源和社会保障部发布了《人力资源和社会保障部 财政部关于阶段性降低社会保险费率的通知》，有助于单位为职工缴纳养老保险。

二、社会组织协同合作新局面

党的十八大以来，中国社会组织快速发展，根据民政部门统计，截至 2017 年底，中国共有社会组织 80.3 万个，同比增长了 14.3%，增速创近 10 年新高，与 2016 年 70.2 万个相比，数量上增长了 10.1 万个。从社会组织三大类型来看，2017 年社会团体增加了 1.6 万个，同比增长 4.7%；社会服务机构增加了 3.6 万个，同比增长 10%；基金会数量增加 764 个，同比增长 13.7%。[1] 社会组织不仅发展迅速，在新时代呈现出协同合作的新局面：社会组织被纳入"五位一体"

---

[1] 黄晓勇主编：《中国社会组织报告（2018）》，社会科学文献出版社 2018 年版，第 2、3 页。

总体布局，被纳入治理体系得到保障，被纳入党和国家机构改革整体规划，成为中国新时代社会治理的重要力量。

一是党的十九大报告将社会组织纳入中国特色社会主义事业"五位一体"的总体格局，社会组织成为人民有序政治参与的七大协商主体之一，并全方位广泛参与到新时代的经济、文化、社会、生态文明等各个领域。经济建设中，离不开行业协会等各类经济中介组织；文化建设中，社会组织对提高全社会文明程度发挥着积极作用；社会建设中，共建共治共享的社会治理格局离不开社会组织；生态文明建设中，社会组织与政府、企业、公众共同参与治理。

二是社会组织从法律层面纳入治理体系，社会治理主体身份得到法治保障。2017 年 10 月施行的《中华人民共和国民法总则》，明确将社会团体、基金会、社会服务机构三大类社会组织与事业单位纳入非营利法人类别。非营利法人地位的明确，有助于社会组织依法自治和健全法人结构，与事业单位公平竞争、携手走出去。通过对社会组织法人身份和法人法律地位的赋予，适应了社会组织多样化多元化发展需求，顺应了社会治理体系多元化和多层次的主体需求。

三是社会组织从党和国家机构改革层面被纳入治理体系，党的十九届三中全会公布了《中共中央关于深化党和国家机构改革的决定》，社会组织成为"统筹党政军群机构改革"的一部分，社会组织与人民团体、企事业单位一起被视为党的统一领导下协调行动、增强合力的 9 大主体之一，社会组织被独立看作新时代社会治理中一支重要的力量。

三、社会治理体制改革面临的问题

党的十八大以来，中国社会治理体制改革取得明显进展，政府社会治理、社会组织参与、城乡社区治理、依法依规治理等方面基础性制度得以健全，社会治理水平相比之前得到明显提升。但是，中国的社会治理体制改革仍然滞后于经济社会的发展需求，滞后于广大人民群众不断增长的公共需求，也滞后于构建公共服务型政府的目标取向。

一是社会治理体制改革顶层设计不够与制度性保障不足。中国社会治理体制改革是一项复杂的系统工程，系统性、整体性、协同性即是目标。党的十八大以来，中国基本已经建立起"党委领导、政府负责、社会协同、公众参与、法治保障"的社会治理体制，提出了进一步深化社会治理体制的目标要求和方向。但是，这些权责划分过于原则和宏观，改革的总体任务安排没有确定，配套的具体实施细则和制度体系也不健全，具体的实施办法更是没有形成。在实际工作中，虽然确定了"党委、政府、社会和公众"这四大类别主体在社会治理中的权责，但四类主体的权责边界及实现方式难以准确把握，政府失范导致社会主体边缘化，参与权利遭到弱化，需要完善社会治理运行机制，保障社会主体的参与权利。

二是政府职能仍需进一步转变。中国从社会管理到社会治理，首先要求政府在治理的理念上要实现更新和转变，"法治"与"服务"便是其中重要的内容。很长时间里，传统政府管理理念仍存，政府本位、官本位的思想占据着主导地位，权力部门化、部门利益化、利益法定化现象比较突出，致使政府在执行社会治理决策和行动的过程中，并没有真正从群众的根本利益出发。从社会管理到社会治理，要求政府正确处理好政府与市场、社会的关系。当前，政府职能边界不清，"越位""缺位"与"错位"的现象时有发生，内部决策与执行职能不分、管理行政化倾向依然存在。

三是社会力量参与仍然不足。当前，中国社会治理实现了由政府一元主导到多元共治，人民团体、企事业组织、公众等都已加入进来，参与范围与渠道都在扩大，但是社会组织自治化程度仍需提升，参与的形式化倾向显著。村民委员会、社区居委会已经在法律上被界定为群众性自治组织，目前仍是充当政府工作的基层组织，承担大量行政事务工作，行政化倾向严重，自治功能被削弱。一些服务组织、基金组织参与社会治理事务，仍然由政府主导、单方发起，本应主导完成反而成为政府的配角和辅助角色，仍然呈现出政强社弱的失衡状态，离实现政府治理与社会自我调节、居民自治良性互动的目标仍有较大差距。

四、新时期社会治理体制改革的方向

推进社会治理现代化，是中国特色社会主义进入新的历史阶段之后提出的新命题，也是全面建设社会主义现代化的一个重要方面。这就要求，在总体层面上，需要制定系统的中国社会治理现代化的总体框架，加强顶层设计与制度性保障；在具体层面上，需要政府进一步转变职能，培养和鼓励社会力量积极参与，从而打造共建共治共享的社会治理新格局。

一是制定社会治理现代化总体框架。中国社会治理现代化的顶层设计与制度保障，与完善和发展中国特色社会主义的国家治理要求相适应，主要涉及三个层面：第一个层面是社会治理理念，要明确法治是社会治理的根本，自治是社会治理的基石，共治是社会治理的路径。第二个层面是社会治理主体结构，要明确政府职能边界，逐渐向社会赋权；要实现政社分开，在发挥政府主导力量之外，更好发挥社会力量参与治理社会事务。第三个层面是社会治理功能机制，通过"权力清单""负面清单"等措施，调整和优化政府的权力运行机制；在政府赋权和赋能的基础上，建立社会组织支持、合作与监管机制；同时也要健全公共服务供给机制和法治保障机制。

二是进一步转变政府职能。政府要分权，要明确地方政府是地方治理主体，每一层级的政府都具有地方治理自主权，上级政府不应侵占、分割下级政府的治理权；要确立政府间的合作机制，消除传统的、单一的、支配性的政府间关系；同时，各层级政府要实现"有限自治"。政府要放权，要明确政府职能的边界，深入研究政府权责边界，理顺政府与社会之间的关系，把政府"管不了、管不好、管不到、不该管"① 的事通通剥离出来，做到有所为，有所不为，推进政府转向服务和宏观调控。这就要求政府向社会赋权，将适合由社会主体解决的事项交由社会主体来承担，鼓励公共服务供给方式的创新，推动社会组织积极参与到公共服务与社会管理中来，从全能政府向有限政府、有为政府的转变，从而建构政府与社会组织合作共治的社会治理体系。

三是培养和鼓励社会力量积极参与社会治理。政府要鼓励和支持各种行业组织、民间社团等的建立和发展，改变社会组织管理中"重登记、轻监管"和"重限制、轻发展"等阻碍社会组织发挥作用

---

① 杨宜勇：《全面开启中国社会治理现代化新征程》，《人民论坛·学术前沿》2018年第 3 期。

的管理理念与方式，为社会组织发展提供良好的制度资源和发展环境，激发社会组织发展的活力，建立并完善相关制度机制，规范、引导中国社会组织健康、有序地发展。同时推进社会自治，发挥市民公约、乡规民约、行业规章、团体章程等社会规范在社会治理中的积极作用。

第七章　政府与人民：良性互动关系的形成

在讨论关于政府管理体制的问题时，政府与人民的关系是一个无法回避的重要论题。学术理论上，国家与社会的关系是社会政治理论研究的核心主题之一；中国改革实践中，处理好政府与社会及人民间的关系日益受到重视。总的来看，改革开放四十年来，我国人民主体地位日益巩固、人民权利保障不断加强、社会自主性稳步提升、民生水平显著改善，政府与人民良性互动的新型关系已经形成。

第一节　人民主体性的成长及其背景

在中国传统社会，普通民众被称为"百姓""黎民百姓""平头百姓"或"老百姓"，而如今，"人民"这一概念早已深入人心，中国共产党将全心全意为人民服务作为根本宗旨，由"人民当家作主""一切权力属于人民"，中国政府被称为"人民政府"。从"老百姓"到"人民"，体现了普通民众地位的提升、政府与民众关系的进步。

中国长达两千多年的封建王朝始终秉持"溥天之下，莫非王土；率土之滨，莫非王臣"的统治观念，传统社会是只有臣民而没有人民的。尽管中国共产党执政以来，"老百姓"这一朴实淳厚的说法被纳入党的群众路线之中，常常成为"人民群众"的通俗表达，但是因其源自传统社会，从严格的概念层面来讲，"老百姓"一词隐藏着从属、依附、受惠于统治者的潜在意涵，与现代意义上的强调主体地位的人民概念相去甚远。

改革开放之前中国社会是一种"总体性社会"[①]。在这种体制模式中，国家对经济及各种社会资源实行全面掌控；政治权力渗透于各个领域，整个社会生活的运作呈现高度的政治化和行政化特征。"总体性社会"固然迅速有效地解决了中国近代以来的"总体性危机"，但同时也造成了一系列的弊端，包括：国家动员能力极强而民间社会极弱；国家直接面对原子化的民众，其间缺少缓冲地带；社会自组织能力很弱，甚至社会本身的存在空间都被挤压得十分狭小等。

从 1978 年底开始，中国共产党领导人民启动了改革开放的伟大征程，"总体性社会"的体制结构开始瓦解，在经济生活日趋市场化的同时，社会领域的自主性也逐步提升，公民权利保障不断加强，人民主体意识日益强烈。

宪法和法律是保障人民权利的基本依靠。在宪法层面，"人民"具体呈现为"公民"。"公民"概念正式进入中国宪法文本中是在 1954 年的宪法，该部宪法通过规定公民的基本权利，建立起以"公民"身份为基础的人权制度。1982 年宪法比较清晰地界定了公民资格范围，即"凡具有中华人民共和国国籍的人都是中华人民共和国公民"，并建立起完善的公民的基本权利体系和结构。[②]过去四十年

---

① 清华大学社会学系社会发展研究课题组：《走向社会重建之路》，爱思想网，2010 年 11 月 19 日，http://www.aisixiang.com/data/37329.html。

② 莫纪宏：《"公民"概念在中国宪法文本中的发展》，"新中国法治建设与法学发展 60 年理论研讨会"会议论文，2009 年。

来，在制度层面，全能主义政府式微，居民自治、社会组织发展的制度空间日益扩展，保障和加强公民经济、社会、政治等方面权利和自由的法制体系大大完善；在人民主体意识层面，无论是消费者权益、劳动权益、土地权益、环境权益等诸多方面的维权行动的增加，还是社区参与、公益参与等自治参与的活跃，都表明全社会对人民主体地位、公民权利和义务的认识日益清醒和自觉；在人民素质层面，人民群众的自治能力、表达和追求自身利益的能力、参政议政能力都明显增强，社会和政治参与主体变得更加广泛，参与过程变得更加深入和有效。

由"老百姓"到作为主体的人民，由"总体性社会"下国家掌控一切到政府与人民良性互动关系的形成，都根源于四十年的改革开放和经济社会发展。市场化改革的推进极大增加了中国社会的"自由流动资源"和"自由活动空间"①，这直接为人民主体性的成长提供了制度空间和机会。最典型的是，计划经济时代高度固化的户籍制度曾经严重限制了居民的流动和迁移，外出农民一度被称为"盲流"，要遭遇遣返，而户籍制度的逐步松动则使得农民工进城成为可能，从而使得数以亿计的农民工在城乡流动和城市生活中增长见识、提升素质、提高地位。

中国改革本身就体现出对群众意愿的高度尊重。家庭联产承包责任制的出现是最好的例证。这一制度起源于安徽省凤阳县小岗村。1978年夏秋之交，安徽大旱，小岗村多数农民沦落至讨饭为生，为此，小岗村18位农民分别按下红手印，签下"包产到户"的地下协

---

① 孙立平：《"自由流动资源"与"自由活动空间"——论改革过程中中国社会结构的变迁》，《探索》1993年第1期。

议。次年10月，小岗村粮食大丰收。小岗农民的这一自发探索最终得到了中央政府的肯定，由此开启了全国农村家庭联产承包责任制的实践。

随着改革开放的推进，国内外经济、政治、文化、信息、人员等交流愈加频繁和深入，中国人民的主体意识加速觉醒。根据不完全统计，1978年至2015年，我国出国留学人员累计已超过300万，留学归国人员已达140多万[①]。另一项数据显示，2017年中国出境游人次达到1.31亿人，入境旅游市场高达1.39亿人次[②]。毫无疑问，国门的打开，国内外交流的加深，让中国人越来越多地了解外面的世界，越来越多地受到世界市场经济、民主法治等思想的影响，使得关于人民权利和义务的意识加快在中国人心中生根。互联网时代的到来又大大拉近了整个世界。截至2017年6月，中国网民规模达7.51亿人，互联网普及率为54.3%[③]。在互联网时代，全球信息瞬间交换、异国他乡即时呈现，中国人民在生活方式、权利诉求、思想观念方面开始进一步"对标"国际。

在经济社会高速发展的过程中，中国人的受教育程度不断提高、生活水平显著改善、生活方式日益城市化，这些变化都从人的内在层面促进了公民意识的增强。美国著名社会学家英克尔斯（Alex Inkeles）提出了"人的现代性"概念，他认为教育、工厂工作经验、大众传播媒介等因素会促使人的现代性程度提高，即个人变得更加

---

① 《我国改革开放以来出国留学超300万人 留学归国140余万人》，国际在线，2015年6月29日，http://news.cri.cn/gb/42071/2015/06/29/5951s5012610.htm。

② 《2017年中国1.3亿出境人次花费千亿美元，入境游恢复增长》，东方头条，2018年6月29日，http://mini.eastday.com/a/180629075857648-2.html。

③ 《中国网民规模已达7.51亿 占全球网民总数五分之一》，人民网，2017年8月5日，http://media.people.com.cn/n1/2017/0805/c40606-29451289.html。

乐于接受新事物、尊重不同看法、注重效率、尊重和追求知识、相信理性等[①]。实际上，公民意识也是现代人的基本特征之一，它与英克尔斯列举的一系列现代人的特征是内在融通、相互增进的。中国人的现代性程度及主体意识正是随着改革开放的深入而逐步提升的。

第二节　居民组织管理方式的变革

"总体性社会"下形成的是一种政府全能的刚性社会管理体制[②]，政府通过统一建立组织机构、统一部署社会事务、统一确定职业身份、统一安置人员、统一分配资源等，全面而严格地管理群众生活。改革开放四十年来，全能型政府逐步瓦解，居民自我组织和管理不断加强，社会管理变得更强调多元参与、更注重保护居民自由和权利、更富于柔性。

一、从单位制到社区制

在计划经济体制下，国家在城市实行单位制为主的社会管理体制，绝大部分城市居民都被纳入党政机关、事业单位、公有制企业等单位组织之中，国家将单位作为配置稀缺资源的基本渠道，并将众多的社会管理任务交给单位负责，城市居民高度依附于单位。如果一个人有了单位，就几乎一切都归单位包了，包括他的医疗、住

---

① 参见［美］阿列克斯·英克尔斯、［美］戴维.H.史密斯：《从传统人到现代人——六个发展中国家中的个人变化》，中国人民大学出版社1992年版。

② 李培林：《我国加强和创新社会管理的若干问题》，中国人大网，2011年7月13日，http://www.npc.gov.cn/npc/xinwen/2011-07/13/content_1663360.htm。

房、保障、养老、子女入学等，即所谓"单位办社会"。有人戏言，单位负责"吃喝拉撒睡，一直到开追悼会"。同时，个人也向单位让渡了诸多权利，单位职工结婚需要单位开证明，生孩子需要单位开证明，要是出了什么事也需要单位"领人"。

在农村，国家依托人民公社制度进行社会管理，人民公社不仅具有组织集体生产的经济功能，还具有人口管理和通过农民合作提供医疗、教育、治安等公共物品的社会功能，甚至具有政治和军事动员的功能。

1978 年以来，在城市，单位制逐步解体，私营企业、外资企业、社会组织等新的就业组织都采取了"非单位"的管理体制，它们仅仅是工作场所，不再是什么都管的"单位"。同时，传统的机关和企事业单位不断弱化自身社会管理职能。为解决城市居民由"单位人"变为"社会人"之后的组织管理问题，自上世纪 90 年代中后期起，在民政部门的推动下，城市社区建设开始兴起，社区逐步取代单位成为城市基层社会管理的基本单元。2000 年 11 月，中共中央办公厅、国务院办公厅关于转发了《民政部关于在全国推进城市社区建设的意见》，明确要求拓展社区服务、加强社区组织建设。

在农村，人民公社制度于上世纪 80 年代被乡（镇）/村体制所代替，1986 年全国人大通过《中华人民共和国村民委员会组织法（试行）》，农村基层社会管理从此走上了"村民自治"的道路[1]，村民委员会成为村民自我管理、自我教育、自我服务的群众性自治组织。近年来，农村社区管理和服务的组织体系不断健全，政府与村民自治组织、各种社会组织在农村社区建设中的互动合作日益加强。

---

[1] 卢汉龙等：《新中国社会管理体制研究》，上海人民出版社 2009 年版，第 204 页。

2017 年 6 月出台的《中共中央 国务院关于加强和完善城乡社区治理的意见》是新时代推动城乡社区治理的标志性文件，将进一步推动实现党领导下的政府治理和社会调节、居民自治良性互动，全面提升城乡社区治理法治化、科学化、精细化水平和组织化程度，推进城乡社区治理体系和治理能力现代化。

二、限制性户籍制度：不断松动和瓦解

通过户籍制度实行人口登记迁移管理，并限制人口流动，是计划经济体制下政府社会管理的又一特色。形成于上世纪 50 年代的户籍制度，最初只是一套对人口出生、死亡、迁出、迁入等进行管理的办法，后来逐步演变为一种限制人口流动，特别是农村人口向城市流动的制度安排。国家通过户籍制度，并配合以粮油统购统销制度、人民公社制度等，严格限制农村居民向城市流动和迁移。

从上世纪 80 年代开始，僵化的户籍制度不断松动[1]。1984 年 10 月，《国务院关于农民进入集镇落户问题的通知》规定，农民可以自理口粮进集镇落户。1997 年 6 月，《国务院批转公安部小城镇户籍管理制度改革试点方案和关于完善农村户籍管理制度意见的通知》规定，已在小城镇就业、居住、并符合一定条件的农村人口，可以在小城镇办理城镇常住户口。2012 年 2 月，《国务院办公厅关于积极稳妥推进户籍管理制度改革的通知》指出，要引导非农产业和农村人口有序向中小城市和建制镇转移。

党的十八大以来，新型户籍制度改革目标得以确立。党的十八

---

[1]《中国户籍制度改革历史回眸》，中国政协新闻网，2014 年 7 月 31 日，http://cppcc.people.com.cn/n/2014/0731/c34948-25373435.html。

届三中全会指出，要创新人口管理，加快户籍制度改革，全面放开建制镇和小城市落户限制，有序放开中等城市落户限制，合理确定大城市落户条件，严格控制特大城市人口规模。据此改革思路，2014 年 7 月，《国务院关于进一步推进户籍制度改革的意见》正式发布。2015 年 11 月，国务院颁布《居住证暂行条例》，保障非户籍常住人口在居住地居住和享受基本公共服务的权利。截至 2016 年 9 月，全国 31 个省、市、自治区均已出台各自的户籍制度改革方案[①]。为此，允许居民自由流动、尊重居民自主定居意愿、合理引导农业人口有序向城镇转移的新型户籍制度基本确立。

三、福利资源分配：从身份差异到机会均等

依据户籍身份、干部与工人身份、所有制身份等身份制对社会福利资源进行分配，是计划经济时期国家对社会成员进行管理的重要方式。政府将社会成员划分为城市居民和农村居民，将城市在业者划分为干部身份与工人身份，将城市职工划分为全民所有制职工和集体所有制职工，不同身份群体尤其是城乡居民享有的社会福利资源差异悬殊。

当时，农民最大的荣耀便是"农转非"，他们只有考学、招工和参军三条路可能实现"农转非"，机会非常少。掌握"农转非"指标，是农村干部的最大权力，一些农村干部就利用这一权力帮助自己的亲属实现了"农转非"，成为那个年代农村干部的"以权谋私"。城市人如果政治上犯错误，或是刑事犯罪，一个重要的惩罚就是注销

---

① 《31 个省份全面取消农业户口 农民能享受啥福利》，搜狐网，2016 年 9 月 22 日，http://news.sohu.com/20160922/n468927901.shtml。

非农户口，转为农村户口，被流放到农村去当农民。[①]

随着市场化改革的推进，身份制逐渐弱化，特别是近十多年以来，政府大力推进基本公共服务均等化，基于公民资格的保障体系加快完善，全体公民都能机会均等地获得公共服务资源。2012年7月颁布的《国家基本公共服务体系"十二五"规划》明确提出，基本公共服务旨在保障全体公民生存和发展基本需求的公共服务，要通过基本公共服务均等化，使全体公民都能公平可及地获得大致均等的基本公共服务，其核心是机会均等，而不是简单的平均化和无差异化。

就各项具体的公共服务来看，城乡一体化发展、均衡发展都是制度设计和完善的基本原则之一。例如，2014年2月，国务院决定合并新型农村社会养老保险和城镇居民社会养老保险，建立全国统一的城乡居民基本养老保险制度，为消除户籍身份带来的养老保障差异奠定重要制度基础。2016年1月，国务院出台相关文件，要求建立统一的城乡居民基本医疗保险制度，做到统一覆盖范围、统一筹资政策、统一待遇标准、统一医保目录、统一定点管理、统一基金管理。

经过大量的政策和实践努力，我国城乡居民所能享有的基本公共服务差距有所缩小，全体公民社会福利资源配置更加均等。2017年1月出台的《"十三五"推进基本公共服务均等化规划》又明确提出，到2020年基本公共服务均等化总体实现。

---

① 陆学艺主编：《当代中国社会结构》，社会科学文献出版社2010年版，第258页。

四、核心价值观建构：从说教到认同

重视社会核心价值观念的树立，是中国共产党治国理政近 70 年来的重要经验之一。在中国历史上，封建社会高度重视思想控制和统一。从秦始皇"焚书坑儒"，到汉武帝"罢黜百家，独尊儒术"，都是为了筑牢封建统治的思想基石。中国共产党作为广大人民根本利益的代表，为了维护和巩固人民民主政权，为社会主义建设、改革和发展提供强大思想基础和精神动力，从执政之初就十分重视核心价值观念的树立、集体意识的建构。在计划经济时代，刚性的社会控制无处不在，思想领域也是如此，持续强烈的政治说教、灌输、运动，最终造成个性压抑、高度统一。

1978 年 12 月，邓小平同志作了《解放思想，实事求是，团结一致向前看》的著名讲话，为伟大的改革开放奠定了思想基调。此后，中国社会迎来了思想解放的新时期，对外开放使得世界优秀思想大量涌入，许多传统观念延续或再生，群众价值观念日益多元。在这种背景下，党和政府开始着力构建和树立新时期的核心价值观念和集体意识，构建方式也出现变革，力图避免政治说教，注重教育、传播与认同，注重内化于心、外化于行，尊重核心价值观主导下的多元差异。

党的十八大提出，倡导富强、民主、文明、和谐，倡导自由、平等、公正、法治，倡导爱国、敬业、诚信、友善，积极培育和践行社会主义核心价值观。党的十九大报告强调，培育和践行社会主义核心价值观要"强化教育引导、实践养成、制度保障"，"把社会主义核心价值观融入社会发展各方面，转化为人们的情感认同和行为习惯"。

近些年来，培育核心价值观、增强集体意识的实践努力体现在诸多方面。例如，将清明、端午和中秋这些传统节日正式列入国家法定节假日，对春节放鞭炮等传统习俗的尊重，有效增强了广大民众对中华民族的认同与归属感。对近代以来为民族独立、解放和自由而作出牺牲的大量英雄人物的纪念和歌颂，在国家层面设立中国人民抗日战争纪念日、南京大屠杀死难者国家公祭日等，都极大地激发了亿万人民的爱国热情，增强了民族凝聚力和为国奉献的责任感。对社会主义建设和改革发展时期各类优秀人物、先进事迹的宣传，则明显提升了人民群众为建设富强民主文明和谐美丽的社会主义现代化强国而奋斗的积极性。毫无疑问，新时代社会主义核心价值观的培育和践行，将在培养担当民族复兴大任的时代新人中发挥日益突出的作用。

第三节　人民自由与权利的保障

在一个长期以来强国家、弱社会的环境之中，形成政府与人民之间良性互动关系的基本前提，是通过宪法法律赋予和保障人民应有的自由和权利。改革开放以来，为了给社会主义现代化提供坚实法治保障，我党高度重视发展社会主义政治文明，民主法治建设不断进步，人民自由和权利的保障状况日益改善。1982年宪法建立起完善的公民的基本权利体系和结构，2004年修宪将"国家尊重和保障人权"明确写入宪法。国家还通过经济、社会、政治等方面的一系列法律法规的制订和完善，为人民自由与权利的保障提供更具体的支撑。自1991年以来，中国政府每年发表人权白皮书，介绍中国人权事业进展，向全社会传递尊重和保障人权的观念，进一步提高中国社会的人权意识。

一、人民自由的重大进步

在人民自由方面，一个十分值得记述的事件就是 2003 年发生的"孙志刚事件"，其直接导致了实施 20 多年的收容遣送制度被很快废止，从而使得对人民人身自由的保障前进了一大步。上世纪 80 年代初，针对许多农村人口进城之后无业可就，长期在城市四处流浪乞讨等问题，1982 年 5 月国务院颁布了《城市流浪乞讨人员收容遣送办法》（以下简称《收容遣送办法》）。根据这一办法，收容遣送的主要任务是"救济、教育和安置城市流浪乞讨人员"，目的是"维护城市社会秩序和安定团结"。

到 80 年代末 90 年代初，由于进城农民工规模不断膨胀，对城市社会治安、就业、交通、计划生育、环境卫生等方面管理秩序的冲击加大，政府对这一群体的防控意识又开始增强，中央政府及民政部、公安部等部委多次发文，要求进一步强化收容遣送工作[1]。由此，收容遣送制度从一项针对城市流浪乞讨人员、具有社会福利和社会治安管理双重功能的制度，逐步演化为一项限制外来人口特别是进城农民工的单纯的治安管理制度。资料显示，在收容遣送制度被废止的前几年，北京、广州每年收容人数都是 10 多万人，高的时候达到 17 万人，一些中小城市年收容也超过千人[2]。而且，事实表明，由于收容执法严重缺乏监督，收容遣送成为一些基层管理人员敲诈

---

[1] 朱文轶：《我国收容制度始末》，《生活周刊》2003 年第 27 期。

[2] 转引自李强：《农民工与中国社会分层》，社会科学文献出版社 2004 年版，第 246 页。

农民工的工具。

一些知识分子认为收容遣送办法中限制人民人身自由的规定，与宪法和有关法律相抵触，强烈建议政府取消收容遣送制度。在社会舆论的推波助澜之下，政府最终以罕见的反馈速度废旧立新。2003 年 8 月 1 日，《收容遣送办法》废止，同时一项新的制度即《城市生活无着的流浪乞讨人员救助管理办法》正式实施，规定政府对城市生活无着的流浪乞讨人员加强救助管理，这既体现了人民自由权利的胜利，也体现了政府对人民自由权利的日益尊重。

二、依法保护人民财产权利

财产权利是人民权利的重要组成，也是市场经济的重要基石。在相当长一段时间内，我国在产权保护方面的法制建设滞后，结果不同程度造成国家、集体和私人财产遭到侵犯，其中公权力侵害公民私有产权和民营企业资产等现象时有发生，如中国社会科学院 2012 年相关研究指出，当时我国每年因各种社会矛盾而发生的群体性事件多达数万起甚至十余万起，其中因征地拆迁引发的群体性事件占一半左右[1]；又如，本世纪初，由于法制不健全、企业经营不规范等原因，一些民营企业家在充满争议中被调查，甚至被判入狱，被追缴合法私有财产。

随着加强人民财产权利保护的客观需要日益增强，相关法制建设稳步推进。2007 年 3 月 16 日，第十届全国人民代表大会第五次会议审议通过了《中华人民共和国物权法》（以下简称《物权法》），

---

[1]《我国每年数万起群体性事件近半因征地拆迁》，新浪网，2012 年 12 月 19 日，http://news.sina.com.cn/c/2012-12-19/050425843372.shtml。

这是我国首次从法律上明确保护私人财产，有力推进了人民权利保障的加强、社会主义法制体系的完善。

在上述会议上，参加表决的近 3000 名人大代表以 2799 票赞成、52 票反对、37 票弃权的表决结果，通过了《物权法》。当时任全国人大常委会委员长吴邦国宣布法律通过时，会场响起长时间的掌声。这部法律历经了长达 13 年的酝酿和广泛讨论，创造了中国立法史上单部法律草案审议次数最多的纪录。物权法起草工作始于 1993 年。从 2002 年 12 月起，全国人大及其常委会先后进行了 8 次审议，其间向社会全文公布征求意见，收到了 1 万多件意见；并召开了 100 多次座谈会、立法论证会。[1] 最终通过的《物权法》充分凝聚了全国人大常委会组成人员、人大代表、专家学者和广大人民群众的集体智慧。

《物权法》明确规定，私人对其合法的收入、房屋、生活用品、生产工具、原材料等不动产和动产享有所有权；私人合法的储蓄、投资及其收益受法律保护；国家依照法律规定保护私人的继承权及其他合法权益；私人的合法财产受法律保护，禁止任何单位和个人侵占、哄抢、破坏。为了赋予农民长期而有保障的土地使用权，《物权法》规定，耕地、草地、林地的承包期届满，由土地承包经营权人按照国家有关规定继续承包。"有恒产者有恒心"，《物权法》对人民财产权利的保护，进一步激发了中国人创造财富、爱护财富和积累财富的热情。

---

[1] 《物权法历经反复审议获得高票通过》，中国人大网，2007 年 3 月 16 日，http://www.npc.gov.cn/npc/xinwen/lfgz/lfdt/2007-03/16/content_362443.htm；《姜恩柱：物权法草案多次审议主要有三方面原因》，搜狐网，2007 年 3 月 4 日，http://news.sohu.com/20070304/n248492308.shtml。

为进一步完善产权保护制度，增强人民群众财产财富安全感，2016年11月，《中共中央国务院关于完善产权保护制度依法保护产权的意见》出台。该文件明确提出健全以公平为核心原则的产权保护制度，公有制经济财产权不可侵犯，非公有制经济财产权同样不可侵犯，要求加强各种所有制经济产权保护，完善平等保护产权的法律制度，妥善处理历史形成的产权案件。

该文件出台以后，在司法部门的努力下，出现了一批涉及产权保护的典型案例，其中较引人关注的是张文中等案的改判。1962年出生的张文中曾是北京物美商业集团股份有限公司董事长。1994年，张文中在北京创立物美第一家超市。2003年，张文中带领物美赴香港上市，使物美超市成为内地第一家在香港创业板上市的民营零售企业。2006年11月，张文中被公安机关带走调查。2008年9月，张文中案在河北省衡水市中级法院开庭审理，检察机关指控张文中涉嫌单位行贿、挪用资金及诈骗，并指控物美集团犯有单位行贿罪，张文中被一审判处有期徒刑18年。张文中和物美集团不服判决，提出上诉。2009年3月，河北省高级人民法院终审改判张文中12年有期徒刑，并处物美集团和张文中个人罚金。

在大力加强产权保护的政策形势下，2017年12月，最高人民法院公布人民法院依法再审张文中案等三起重大涉产权案件。2018年5月31日上午，最高人民法院作出终审判决：张文中、物美集团无罪，原审判决已经执行的罚金，追缴的财产依法返还。[1]张文中等

---

[1] 《改判了！最高法：张文中物美集团无罪》，新浪网，2018年5月31日，http://finance.sina.com.cn/zt_d/zwzzsh/?_ad0.8007735195701587；《张文中案为何改判？最高人民法院审判监督庭负责人这样说》，凤凰网，2018年5月31日，http://finance.ifeng.com/a/20180531/16329996_0.shtml。

案的改判体现了中国共产党和政府全面依法治国、保护群众合法权益包括财产权益的坚定决心，也使中国人民能够更加大胆地创造财富，安心地拥有，放心地享用。

三、劳动者权益显著改善

在劳动权益方面，自上世纪 90 年代以来，国家先后出台了《中华人民共和国劳动法》（以下简称《劳动法》）、《中华人民共和国劳动合同法》（以下简称《劳动合同法》）及一系列劳动法规和规章，对劳动者合法权益的保护体系逐步完善，保护力度不断加大。

随着我国劳动就业体制改革不断深化，劳动关系日益复杂，对加强新时期劳动立法提出了迫切要求。1994 年 7 月，第八届全国人民代表大会第八次会议正式通过了《劳动法》，这是我国第一部专门规范劳动关系、保障劳动者合法权益的基本法律，并突破了计划经济体制下按不同所有制分别立法的传统模式，对不同所有制经济组织中的劳动者权利和义务按照统一标准做了规定[1]。

然而，在经济高速发展过程中，各种劳动关系问题爆发的速度明显快于劳动法律法规完善的速度，也给劳动监察执法带来巨大挑战。到本世纪初，农民工劳动权益缺失恶化成为一个异常严重的社会问题，数以亿计的农民工群体不仅劳动合同签订率低、超时劳动严重、工资常被拖欠、社会保险参保率低，而且劳动安全防护不达标、工伤事故频发、人身安全易受侵害等，劳资矛盾与纠纷还经常引发农民工集体上访、堵马路、打砸工厂等极端行为。2003 年，时

---

[1] 迟福林主编：《伟大的历程：中国改革开放 40 年实录》，广东经济出版社 2018 年版，第 266 页。

任总理温家宝为农民工熊德明讨工资的新闻曾引起轰动（见专栏7-1：温家宝为农民工熊德明讨工资）。虽然熊德明非常幸运，很快就拿到了被拖欠的工资，但这一事件却暴露了当时农民工工资被拖欠问题的普遍性和严重性。

专栏 7-1 温家宝为农民工熊德明讨工资

2003年10月24日，中共中央政治局常委、国务院总理温家宝和随行的国务院有关部门负责人飞抵重庆万州，走访移民。下午，当行至距云阳县城约40公里处时，温家宝看到公路附近隐约可见几处农舍，当即要求停车：走，去看看村里的乡亲们。

这是云阳县人和镇龙泉村10组——三峡库区腹地一个偏僻的小山村。正在田里干活的村民们，听说总理来了，纷纷拥进村民曾祥万家的小院。

家里有几口人？粮食够吃吗？养的猪好卖吗？柑橘多少钱一斤？水库蓄水后土地还够不够种？孩子们都能读上书吗？上学一年要花多少钱？农村电费降了多少？家里有几个人在外面打工？移民补偿拿到没有？……

温家宝面带微笑，一一询问村民们的生产生活情况。望着总理亲切和善的面孔和一个个具体的问题，村民们的拘束一下子烟消云散，与温家宝拉起了家常。

"总理，我想，我想说说我家里打工的事。"一直坐在温家宝左侧的农家妇女熊德明有些腼腆地说。温家宝总理侧过身对她说：你说吧。

熊德明说，现在农民的收入主要靠打工，村里大多数劳力都在云阳新县城搞建筑，一年收入有五六千元左右，但是在修建新县城中心广场阶梯的过程中，包工头拖欠农民的工钱一直不还。她爱人李建明有 2000 多元的工钱已拖欠了一年，影响娃儿们交学费……

听着熊德明的叙述，温家宝神情顿时严峻起来，沉吟片刻后说："一会儿我到县里去，这事我一定要给县长说，欠农民的钱一定要还！"人群中立刻响起热烈的掌声。

华灯初上，汽车驶进云阳县新城。一见县里的负责人，温家宝就追问起农民工工资被拖欠的事。县里负责人说："确有其事。主要是因为一些包工头没有把钱发到农民手中。这事我们要认真处理，一定给村民一个满意的答复。"

当天夜里 11 时多，熊德明和丈夫拿到了被拖欠的 2240 元务工工资。

资料来源：孙杰、黄豁：《温家宝总理为农民追讨工资》，中国网，2003 年 10 月 28 日，http://www.china.com.cn/chinese/zhuanti/qx/459454.htm。

为了进一步保护劳动者合法权益，构建和发展和谐稳定的劳动关系，2007 年 6 月，第十届全国人民代表大会常务委员会第二十八次会议通过了《劳动合同法》，并自 2008 年 1 月 1 日起施行。与《劳动法》相比，《劳动合同法》着力完善劳动合同制度，明确劳动合同双方当事人的权利和义务，有针对性地解决劳动合同方面存在的一些现实问题，如加重用人单位不订立劳动合同的法律责任，对劳务派遣进行规范等；鼓励签订无固定期限劳动合同，以促进劳动者就业稳定；扩大了适用范围，将民办非企业单位等组织纳入"用人单位"范围；调整或细化了关于劳动关系的建立、劳动合同的必备条款、劳动合同的履行和变更、劳动合同的解除等方面的规定。

据人力资源和社会保障部统计，2017 年全国企业劳动合同签订率达 90% 以上。通过加强劳动保障监察执法，共督促用人单位与劳动者补签劳动合同 167.5 万份，为 308.7 万名劳动者追发工资等待遇 250.1 亿元，其中为 218 万名农民工追发工资等待遇 196.4 亿元；督促 1.7 万户用人单位办理社保登记，督促 2.8 万户用人单位为 60.3 万名劳动者补缴社会保险费 12.9 亿元。[①]显然，我国劳动者权益保障状况已经大幅改善。

四、政治权利走向更加平等

人民当家作主是社会主义民主政治的本质和核心。早在上世纪 40 年代，毛泽东同志就提出用"让人民监督政府"和"人人起来负责"作为跳出历史周期率的根本出路。改革开放后，邓小平同志指出，为了保障人民民主，必须加强法制，必须使民主制度化、法律化。党的十八大以来，习近平总书记强调，"人民民主是中国共产党始终高举的旗帜"，"坚持国家一切权力属于人民，既保证人民依法实行民主选举，也保证人民依法实行民主决策、民主管理、民主监督"。

过去四十年来，人民政治权利保障进步巨大，显著表现之一是人民政治权利日益平等。男女平等是人类政治发展的必然方向，中国在这方面的制度保障日益加强。1995 年中国正式提出并实施男女平等基本国策，2005 年修订的《妇女权益保障法》规定"国家实行男女平等的基本国策"，赋予其法律地位，2012 年党的十八大报告指出"坚

---

① 《2017 年度人力资源和社会保障事业发展统计公报》，中华人民共和国人力资源和社会保障部官网，2018 年 5 月 21 日，http://www.mohrss.gov.cn/ghcws/BHCSWgongzuodongtai/201805/t20180521_294290.html。

持男女平等基本国策，保障妇女儿童合法权益"。为保障妇女享有与男性平等的政治权利，中国完善相关法律法规和政策规划，提高妇女参政比例，增强妇女在国家和社会事务决策和管理中的作用。

　　数据显示，2013 年十二届全国人民代表大会第一次会议女代表占 23.4%，比 20 年前提高了 2.4 个百分点；少数民族妇女代表占少数民族代表的 41.3%。《村委会组织法》规定，"妇女村民代表应当占村民代表会议组成人员的三分之一以上"。《中国妇女发展纲要（2011—2020 年）》提出，到 2020 年"村委会成员中女性比例达到 30% 以上。村委会主任中女性比例达到 10% 以上"。2013 年，村委会成员中的女性比例为 22.7%，比 2000 年提高了 7 个百分点；村委会主任和村民代表中的女性比例也明显提高。①

　　另外，2010 年以来城乡居民选举实现了"同票同权"。1953 年我国颁布了首个选举法，根据其规定，农村和城市每名人大代表所代表的人口比例为 4∶1。在之后的很长一段时期内，我国人大代表选举一直照此规定执行。有人将此概括为"四个农民等于一个城里人"，城乡居民权利缺乏平等。

　　为此，2007 年 10 月，党的十七大报告明确提出，建议逐步实行城乡按相同人口比例选举人大代表政策。2010 年 3 月 14 日，第十一届全国人民代表大会第三次会议作出《关于修改〈中华人民共和国全国人民代表大会和地方各级人民代表大会选举法〉的决定》。修改后的选举法规定，人大代表名额"按照每一代表所代表的城乡人口数相同的原则，以及保证各地区、各民族、各方面都有适当数

---

① 中华人民共和国国务院新闻办公室：《中国性别平等与妇女发展》，人民网，2015 年
　 9 月 23 日，http://politics.people.com.cn/n/2015/0923/c1001-27621718.html。

量代表的要求进行分配"。由此,我国城乡居民首次实现了选举"同票同权",对于保障人民的平等选举权与被选举权具有重要意义。

另外,随着人口流动性的增强,各地大量非户籍常住人口的平等选举权与被选举权问题日益受到社会关注。例如,2011年3月,在第十一届全国人大四次会议举行的一次新闻发布会上,有记者向大会发言人李肇星提问:"对于人数庞大的流动人口,他们如何在工作地参加县乡人大代表的直接选举问题,有没有一个时间表?"李肇星表示,政府"坚定地维护农民工的各项合法权益"。[①]事实确实如此。近年来一些地方通过居住证改革,积极赋予包括农民工在内的非户籍常住人口平等的选举权与被选举权,如2016年11月实施的《重庆市居住证实施办法》规定,居住证持有人在居住地享受的权利包括"选举权和被选举权"。

第四节　居民自治和社会参与的扩大

从理论上讲,"社会"之所以成为一种区别于和相对独立于"国家"的存在,根源在于其自主性,即居民自我组织、自我管理、利益表达等。因此,一个国家中居民自治和社会参与的状况,从根本上反映了其中国家与社会、政府与居民的关系状态。改革开放以来,我国基层群众自治和社会参与的制度体系逐步完善、范围合理扩大、积极性不断提升、水平日益提高,成就令人瞩目。

[①]《李肇星:城乡将同比例选举 坚定维护农民工选举权》,凤凰网,2011年3月4日,http://news.ifeng.com/mainland/special/2011lianghui/content-0/detail_2011_03/04/4973981_0.shtml。

一、基层自治活力的日益增长

从历史传统来看，中国封建社会就体现出高度集权的皇权控制与基层社会的相对自治相结合。一方面，皇权至高无上，并通过由上至下的严格等级制度和集权体制，来维护帝王专制统治。另一方面，基层社会又依靠宗族、乡绅、长老等民间力量，根据宗法制度、风俗、习惯、乡约等实现自我管理。

在计划经济时代，无所不在的行政力量使得基层自治空间被极大挤压。改革开放以来，随着社会主义民主政治的发展，基层群众自治稳步推进，特别是农村村民自治和城市社区居民自治成为基层群众自治的两大基石。从 1979 年广西壮族自治区开始，全国许多地方就陆续出现了村委会之类的村民自治组织[①]。1982 年颁布的《中华人民共和国宪法》明确了农村村民委员会和城市居民委员会作为基层群众自治的法律地位。1987 年 11 月，《村民委员会组织法（试行）》通过。1989 年 12 月底，《城市居民委员会组织法》通过，并于 1990 年 1 月起施行。1998 年 11 月，《村民委员会组织法》正式颁布实施。法律明确规定，农村村民委员会和城市居民委员会都是党领导下"自我管理、自我服务、自我教育、自我监督的群众性自治组织"。

依靠制度保障，基层群众自治组织发展迅速。截至 2016 年底，我国基层群众自治组织达到 66.2 万个，其中村委会 55.9 万个，居委会 10.3 万个[②]。同时，群众自治活动蓬勃发展。在民主选举方面，

---

① 俞可平等：《中国的治理变迁（1978—2018）》，社会科学文献出版社 2018 年版，第142 页。

② 中华人民共和国民政部：《2016 年社会服务发展统计公报》，民政部官网，2017 年 8月 3 日，http://www.mca.gov.cn/article/sj/tjgb/201708/20170815005382.shtml。

2005—2007 年间，17 个省份试点或较大规模实行了由村民直接投票表决产生候选人的"海选"①（见专栏 7-2：浙江农村的"自荐海选"）。2016 年全年共有 9.7 万个村（居）委会完成选举，参与选举的村（居）民登记数为 1.7 亿人②。在民主治理方面，广大村民通过村民理事会、村民议事会、村民监事会之类组织，民主决策和管理集体经济、公益事业、宅基地使用等，民主监督村务活动、集体财务。城市基层社区在社区管理、居民服务、居民文体活动、矛盾协调、利益表达等方面的群众自治也不断加强和提升。

专栏 7-2　浙江农村的"自荐海选"

2005 年 3 月 27 日，浙江省杭州市余杭区唐家埭村的村民们以"自荐海选"的方式选出了自己信任的村官。杭州市民政局有关负责人称，这是全国首次采用"自荐海选"方式选举的"村官"。

有关部门负责人介绍，在余杭，村委会的换届选举经历了"组织推荐"和"海推直选"两个阶段。按照国家民政部《关于做好2005 年村民委员会换届选举工作的通知》的精神，余杭区在总结"海推直选"和其他地区"海选"经验的基础上，在省市人大、省市民政部门的指导下，依法创新，采取"自荐海选"的方式选举村民委员会，并在唐家埭村试点。

据了解，唐家埭村"自荐海选"的办法是，凡具备村委会成员任职条件和有志于村务管理、自愿为村民服务的选民，都可报名参

① 吴兢：《中国村官选举走向"常态化"》，《人民日报》2008 年 1 月 9 日。
② 中华人民共和国民政部：《2016 年社会服务发展统计公报》，民政部官网，2017 年 8 月 3 日，http://www.mca.gov.cn/article/sj/tjgb/201708/20170815005382.shtml。

166

加村委会成员的竞选。在选举中，选民既可以选举在选票上以姓氏笔画为序的"自荐人"，也可以选其他选民。因此，"自荐海选"是一种无候选人的直接选举，"自荐人"不是候选人。

杭州市民政局基层政权处处长张宏国认为，"自荐海选"有两种创新的意义，一是改革了"海推直选"环节多、成本高的不足，弥补了"海选"无目标、得票散和无序拉票的缺陷，二是通过"毛遂自荐"式的报名参选，拓宽了村民群众选好当家人的渠道，搭建起了一个农村优秀人才发挥才干的平台。

资料来源：《浙江在全国率先采用"自荐海选"方式选举村官》，网易，2005 年 3 月 28 日，http://news.163.com/05/0328/10/1FU4DS000001124T.html。

党的十八届三中全会强调，要"加强党委领导，发挥政府主导作用，鼓励和支持社会各方面参与，实现政府治理和社会自我调节、居民自治良性互动"。由此，基层社区党建工作得以大力加强，党对基层社会的领导进一步巩固。同时，许多地方开展了社区公共服务事项准入、社区减负增效等体制机制改革，政府治理与居民自治之间的协作开始更为完善，边界开始更为清晰，基层群众自治得到更好保障。

二、社会矛盾增多与利益表达机制的不断完善

20 世纪 90 年代中后期以来，随着社会结构深度转型、利益关系大幅调整，我国进入社会矛盾凸显期，因企业改制、征地拆迁、劳资纠纷、环境保护、业主权益等多方面问题，大量社会矛盾层出不穷、影响因素错综复杂。这不仅造成许多群众的合法权益难以保

障，而且导致了大量的信访、群体性事件、犯罪或治安案件，对社会和谐稳定造成巨大冲击。在这种背景下，大力完善社会矛盾预防化解机制，特别是群众利益表达、沟通协商和依法维权机制，就显得十分迫切。

为此，党的十七大报告强调，"妥善处理人民内部矛盾，完善信访制度，健全党和政府主导的维护群众权益机制"。党的十八大报告客观指出，现阶段"社会矛盾明显增多"，要求"畅通和规范群众诉求表达、利益协调、权益保障渠道。建立健全重大决策社会稳定风险评估机制"。党的十八届三中全会报告进一步提出，"建立畅通有序的诉求表达、心理干预、矛盾调处、权益保障机制，使群众问题能反映、矛盾能化解、权益有保障"，并要求"改革信访工作制度，实行网上受理信访制度，健全及时就地解决群众合理诉求机制"。

围绕群众利益表达机制的完善，一些具体的改革不断深入。例如，在信访制度改革方面，近年来，各地纷纷开辟了网上信访渠道，引导群众多上网、少走访。信访部门数据显示，2015 年全国网上信访数量分别超过来信来访数量，占总量的 40.1%；当年全国信访总量、进京上访数量和集体上访数量均出现下降，其中信访总量下降 7.4%，进京上访下降 6.5%。2015 年 1 月 1 日新的国家信访信息系统正式上线运行，各地受理的来信、来访和网上投诉，可以实现全部网上统一流转，信访事项受理办理、回复告知等环节通过互联网公开。[①]

在重大决策社会稳定风险评估方面，2005 年，四川省遂宁市在

---

① 《依托网络解决信访突出问题 网上信访已超四成》，新华网，2016 年 5 月 5 日，http://www.xinhuanet.com/politics/2016-05-05/c_128960081.htm。

全国率先出台了《重大工程建设项目稳定风险预测评估制度》。随后几年，江苏、浙江、山东、辽宁等省相继学习遂宁经验，建立了本地的社会稳定风险评估机制。①目前这一机制在各地已经相当普及，在评估形式上普遍采取了专家座谈、抽样调查、听证会等方式吸纳公众参与、听取公众意见。并且，目前社会稳定风险评估的针对事项已经广泛涵盖重点领域的重大政策、改革改制方案、建设规划的出台，重大基础设施项目、公益性项目、工业项目、房地产开发项目的实施等方面。

党的十九大报告明确指出，现阶段我国"社会矛盾和问题交织叠加"，要求"完善党委领导、政府负责、社会协同、公众参与、法治保障的社会治理体制"，"加强预防和化解社会矛盾机制建设，正确处理人民内部矛盾"。未来，人民群众的利益表达渠道将进一步畅通，合法权益将得到更好保障。

三、群众监督：权力制约的利器

习近平总书记强调，要"把权力关进制度的笼子里"，要求大力加强政治监督。群众监督不仅是政治监督的重要组成，而且是人民实现主体地位、维护自身权利的重要途径。近些年来，随着我国社会主义民主政治和法治国家建设稳步推进，群众对执政党和政府及其他国家机构、公职人员权力行使的监督体制机制加快完善。

政府信息公开是建设法治政府和服务型政府的必然要求。2007年 4 月，国务院正式颁布了《政府信息公开条例》，并自 2008 年 5

---

① 廉如鉴、黄家亮：《关于"遂宁模式"的反思——探索重大事项社会稳定风险评估工作的新思路》，社会学视野网，2012 年 5 月 11 日，http://www.sociologyol.org/yanjiubankuai/fenleisuoyin/fenzhishehuixue/qita/2012-05-11/14421.html。

月起施行。这一法规通过强制政府部门进行信息披露，同时对群众的知情权受到损害时提出救济措施，从而极大地提升了政府的透明度，并使得政府政务公开化的努力成果得以法规化和固定化①，对于建设透明政府、加强群众监督具有里程碑意义。2016 年 2 月，中共中央办公厅、国务院办公厅印发实施《关于全面推进政务公开工作的意见》，对推进政务阳光透明、扩大政务开放参与、提升政务公开能力等作出了具体部署和安排。

过去十多年来，群众监督还实现了技术手段和形式的与时俱进、不断创新。"电视问政"就是典型例子。2002 年郑州电视台创办《周末面对面》节目，成为了全国最早的电视问政。之后武汉、兰州、西宁、长沙等地开始效仿。近年电视问政持续升温，在更多城市纷纷展开，甚至开始向一些县（市、区）扩散。②从现实看，不少官员在电视问政中面红耳赤、汗流浃背、张口结舌，这表明官员感受到公民监督的力量，体会到自己对公众的责任。电视问政并不是为了让官员难堪，而是为了监督和促进权力尽职尽责、依法行使。

随着网络时代的来临，互联网也开始在公民监督中"大显神威"。网络信息的高效传播和微博、微信等自媒体的兴起，不仅极大地提升群众了解政府及官员信息的速度、广度和深度，而且开启了媒体民众化的新时代，群众监督借助网络媒体通过"集体凝视"和"全民围观"，实现网络舆论造势，形成强大舆论压力，迫使各级党委

---

① 俞可平等：《中国的治理变迁（1978—2018）》，社会科学文献出版社 2018 年版，第 240 页。

② 《专家解读电视问政为何"热"而不"火"》，人民网，2013 年 5 月 14 日，http:// theory.people.com.cn/n/2013/0514/c49152-21472800.html。

和政府及时回应[①]。2012 年的"表哥"事件可称得上公民互联网监督的经典案例。2012 年 8 月 26 日，陕西省延安市发生特大交通事故，陕西省第十二届纪委委员、省安监局党组书记、局长杨达才赶赴事故现场。在延安车祸现场杨达才面带微笑引发网友不满，杨达才深陷"微笑门"。此后，杨达才被网友"人肉"出在不同场合先后佩戴多块不同品牌款式的名表，总价值数十万。事件引起陕西省纪委高度关注，杨达才很快被撤职并移交司法处理。[②]

　　在群众监督的内容方面，预算民主方面的进展具有重大的制度性意义。财政是国家治理的基础和重要支柱，实行预算民主是公民监督政府的有效途径。党的十八届三中全会提出"实施全面规范、公开透明的预算制度"，党的十九大要求"建立全面规范透明、标准科学、约束有力的预算制度"，这都体现了党中央对于推进预算民主的顶层设计努力。在地方层面，自上世纪 90 年代以来，一些地方就开始探索推进预算民主，较具代表性的如浙江温岭的预算民主恳谈会、河南焦作的网络参与预算、广东顺德的预算项目面谈会、江苏无锡的"公共项目民众点菜"等[③]。这些基层探索对于推进群众监督政府财政都具有积极意义。

① 杨嵘均：《论网络空间草根民主与权力监督和政策制定的互逆作用及其治理》，《政治学研究》2015 年第 3 期。
② 《陕西表哥杨达才事件始末回顾》，搜狐网，2013 年 9 月 6 日，http://news.sohu.com/20130906/n385998927.shtml。
③ 冯志峰、罗家为：《地方参与式预算的实践经验、问题检视与破解之道——一个基层协商民主的比较分析视角》，《地方治理研究》2017 年第 4 期。

第五节　保障和改善民生的政策实践

政治合法性是一个政治体系存在、持续、稳定与发展的基础和前提。在现代社会，不断改善民生福祉、促进社会公平正义是任何一个国家的执政党和政府增强自身合法性的十分重要的途径。中国共产党更是将全心全意为人民服务作为自身根本宗旨。过去四十年来，中国人民生活水平的显著改善有目共睹，到 2020 年即将全面建成小康社会。这是中国共产党和政府在推动经济快速发展的同时，持续实行大量民生政策措施、不断完善民生保障制度体系的结果。而人民生活的改善、获得感的提升又进一步增强了人民对党和政府的认同和信心。

一、居民收入快速增长

邓小平同志说："贫穷不是社会主义。"1978 年之前，虽然中国工业化建设取得了不小的成就，但人民生活仍然贫困，食不果腹现象普遍存在。改革开放从起步之日起，中国共产党和政府便着力增加人民的收入，努力实现居民收入增长和经济发展同步、劳动报酬增长和劳动生产率提高同步，人民生活水平发生了翻天覆地的变化。

现实表明，改革开放 40 年来，我国城乡居民收入快速增长。国家统计局数据显示，2012 年，城镇居民人均可支配收入 24565 元，比 1978 年增长 71 倍，年均增长 13.4%，扣除价格因素，年均增长 7.4%；农村居民人均纯收入 7917 元，增长 58 倍，年均增长 12.8%，扣除价格因素，年均增长 7.5%。①党的十八大以来，一大批惠民举措落地实施，居民收入保持快速增长。2013—2017 年，全国居民人均可支配收入年均实际增长 7.4%，高于同期 GDP 增速 0.3 个百分点。②

与收入增长相伴随的是人民生活的改善。20 世纪 70、80 年代，年轻人结婚时兴"三转一响"，即自行车、手表、缝纫机和收音机，家里配齐这四样便感到脸上有光。到如今，房子、车子、票子已成为年轻人结婚的"新三样"。在出行方面，中国曾经被西方人称为"自行车王国"，国产"飞鸽牌"自行车被作为国礼，送给外国元首，如今中国已经连续九年位居全球第一汽车消费市场，2017 年全世界共售出 9360 万辆新车，在中国卖出的就有 2887.9 万辆，相当于全世界每卖出 3 辆车，就有 1 辆车是由中国人购买③。

因为改革是从落后生产力及平均主义分配的基础上开始的，为了促进生产力快速发展，我国在较长一段时期内实行"效率优先，兼顾公平"的分配原则。邓小平同志在改革初期就指出，应允许一部分地区、一部分人先富起来，先富带动和帮助后富，逐步达到共同富裕。1987 年，党的十三大报告强调"在促进效率提高的前提下体现社会公平"。1993 年，党的十四届三中全会首次明确提出了"效率优先，兼顾公平"的原则。之后，党的十五大、十六大、十六届

① 国家统计局：《改革开放铸辉煌 经济发展谱新篇——1978 年以来我国经济社会发展的巨大变化》，国家统计局网站，2013 年 11 月 6 日，http://www.stats.gov.cn/tjgz/tjdt/201311/t20131106_456188.html。
② 宁吉喆：《贯彻新发展理念 推动高质量发展》，求是网，2018 年 1 月 31 日，http://www.qstheory.cn/dukan/qs/2018-01/31/c_1122337619.htm。
③ 《全世界 30% 的新车被中国人买了 中国汽车市场规模世界第一》，中国汽车网，2018 年 5 月 13 日，http://www.chinacar.com.cn/newsview200925.html。

三中全会又一再重申这一原则。这一原则的贯彻实施极大地促进了经济发展，然而，也伴随着贫富差距的日益扩大。根据国际一般标准，基尼系数超过 0.4 表示收入差距较大。国家统计局数据显示，中国的基尼系数 2003 年为 0.479，2006 年上升至 0.487，2008 年高达 0.491[①]。

　　贫富差距扩大使我国社会秩序与稳定面临的威胁明显加大。为此，党和政府开始日益重视社会公平和社会和谐。2004 年 9 月，党的十六届四中全会鲜明地提出了建设社会主义和谐社会的目标，并强调要"注重社会公平"。2007 年 10 月，党的十七大提出了"初次分配和再分配都要处理好效率和公平的关系，再分配更加注重公平"的原则。2012 年 11 月，党的十八大强调"初次分配和再分配都要兼顾效率和公平，再分配更加注重公平"。在政府的政策调节下，从 2008 年开始，我国基尼系数逐步回落，2009 年为 0.490，2012 年为 0.474，2014 年为 0.469，2016 年为 0.465[②]。由于收入差距依然较大，2017 年 10 月召开的党的十九大明确要求"缩小收入分配差距"。

　　党的十八大以来，以习近平同志为核心的党中央将脱贫攻坚作为实现第一个百年奋斗目标的重点工作，以前所未有的力度加以推进。通过实施精准扶贫、精准脱贫的基本方略，以及产业扶贫、劳务输出扶贫、资产收益扶贫、易地搬迁扶贫、生态扶贫、教育扶贫、医疗扶贫、低保兜底扶贫等政策措施，至党的十九大召开前，全国

---

① 《统计局首次透露近十年基尼系数》，央视网，2013 年 1 月 18 日，http://news.cntv.cn/2013/01/18/ARTI1358486197956843.shtml。

② 《统计局首次透露近十年基尼系数》，央视网，2013 年 1 月 18 日，http://news.cntv.cn/2013/01/18/ARTI1358486197956843.shtml；统计局：《2016 年基尼系数为 0.465 较 2015 年有所上升》，中国新闻网，2017 年 1 月 20 日，http://www.chinanews.com/cj/2017/01-20/8130559.shtml。

有 6000 多万农村贫困人口稳定脱贫，年均减少 1391 万人，贫困发生率由 10.2% 下降到 4% 以下[①]。目前中国已全面打响脱贫攻坚大决战，到 2020 年将实现现行标准下农村贫困人口实现脱贫，贫困县全部摘帽，解决区域性整体贫困。

二、构建和完善基本公共服务体系

在市场经济条件下，加强各类公共服务提供是政府的重要职责和作用。计划经济时期，中国对城市居民实行高福利保障，而农村居民面临福利短缺问题。在推进市场化改革的过程中，中国逐步建立起与市场经济相适应的基本公共服务体系，为全体公民提供日益完善的教育、就业、医疗、养老、住房等领域服务。

在教育方面，1986 年 4 月，《中华人民共和国义务教育法》通过。该法明确规定，国家实行九年制义务教育；凡年满六周岁的儿童，不分性别、民族、种族，应当接受规定年限的义务教育；国家对接受义务教育的学生免收学费。这是中国首次将免费的义务教育用法律的形式固定下来。改革开放 30 年时，中国实现了城乡义务教育学杂费全面免除，其中从 2007 年春开始免除农村义务教育学杂费，从 2008 年秋开始在全国范围内全部免除城市义务教育学杂费。到 2016 年初，中国小学净入学率 99.9%，初中毛入学率为 104%，九年义务教育普及率超过了世界高收入国家的平均水平[②]。2015 年 11 月，国务院印发《关于进一步完善城乡义务教育经费保障机制的通知》，提出

[①] 韩俊：《坚决打赢脱贫攻坚战》，载《党的十九大报告辅导读本》，人民出版社 2017 年版，第 350—356 页。

[②] 《袁贵仁："十三五"期间中国义务教育仍然为九年》，南方网，2016 年 3 月 10 日，http://news.southcn.com/shizheng/content/2016-03/10/content_143836529.htm。

建立城乡统一、重在农村的义务教育经费保障机制。这有利于进一步推进城乡义务教育发展一体化。

在就业方面，市场导向的就业体制逐步确立，公共就业服务体系随之建立和完善。1986年7月，国务院颁布了《国营企业职工实行待业保险暂行规定》，这是我国第一部失业保险法规，标志着我国失业保险制度初步建立。1998年，中共中央、国务院发出《关于切实做好国有企业下岗职工基本生活保障和再就业工作的通知》。1999年1月，国务院正式颁布《失业保险条例》。这些政策举措进一步推动了我国就业保障制度建设进程。2007年8月，《中华人民共和国就业促进法》通过，以法律形式明确政府建立健全公共就业服务体系。2015年6月，国务院印发《关于大力推进大众创业万众创新若干政策措施的意见》，我国公共就业服务开始向积极鼓励创业创新的纵深发展。

在医疗方面，上世纪80年代起，我国开始探索城镇职工医疗保险制度改革。1994年，国务院在全国40多个城市开展医疗保险社会统筹与个人账户相结合的试点。1998年12月，《国务院关于建立城镇职工基本医疗保险制度的决定》发布，全面推开和建立覆盖全体城镇职工、社会统筹和个人账户相结合的基本医疗保险制度。2002年10月，《中共中央、国务院关于进一步加强农村卫生工作的决定》出台，明确提出逐步建立以大病统筹为主的新型农村合作医疗制度，标志着居民基本医疗保险开始均等覆盖农村。2007年10月，《国务院关于开展城镇居民基本医疗保险试点的指导意见》印发，使得城镇医疗保险的覆盖面开始从城镇从业人员扩大到全体居民。党的十八大以来，我国积极整合城乡居民基本医疗保险制度，全面建立城乡居民大病保险制度。目前基本医疗保险已经总体实现全覆盖[①]，医疗保障水平显著提升。

在养老方面，上世纪 90 年代以来，我国稳步推进养老保险制度改革。1991 年 6 月，国务院印发《国务院关于企业职工养老保险制度改革的决定》，标志着我国开始建立社会统筹的养老保险制度。2009 年 9 月，我国开始开展新型农村社会养老保险试点。2011 年 6 月，启动城镇居民社会养老保险试点。2014 年 2 月，国务院决定将新型农村社会养老保险和城镇居民社会养老保险合并实施。2014 年 10 月，机关事业单位工作人员养老保险制度改革开始推行。目前我国已建立起由城镇职工养老保险、城乡居民养老保险、机关事业单位工作人员养老保险构成的制度体系，实现了社会养老保险制度全覆盖。

在住房方面，随着城镇住房逐步向社会化、市场化、商品化过渡，住房保障体系不断完善。1994 年 7 月，《国务院关于深化城镇住房制度改革的决定》印发，提出全面推行住房公积金制度，加快经济适用住房建设。1998 年 7 月，《国务院关于进一步深化城镇住房制度改革加快住房建设的通知》发布，提出从 1998 年下半年开始，全国城镇停止住房实物分配，逐步实行住房分配货币化。从此，我国开始真正进入商品房时代，经济适用住房、廉租住房、公共租赁住房等城镇住房保障体系也逐步建立和完善。2010 年以来，公共租赁住房成为城镇住房保障体系的发展重点。同时，棚户区改造、农村危房改造得以大力推进。"十二五"期间，全国累计开工城镇保障性安居工程住房 4013 万套、其中改造棚户区住房 2191 万套，改造

---

① 宁吉喆：《贯彻新发展理念　推动高质量发展》，求是网，2018 年 1 月 31 日，http://www.qstheory.cn/dukan/qs/2018-01/31/c_1122337619.htm。

农村危房 1794 万户[①]。

三、让人民群众有更多获得感

法国历史学家托克维尔在其名著《旧制度与大革命》中揭示出一个深刻的改革规律，即旧制度最危险的时刻通常就是它开始改革的时刻，因为"范围缩小了，它激起的仇恨反倒更大；摧毁一部分，就使剩下的那些令人厌恶百倍"[②]。美国学者亨廷顿也指出，一些发展中国家的政治制度化发展落后于民众政治意识的扩大、政治要求的增加，从而导致了一系列恶劣后果[③]。虽然中国改革所处的历史和社会背景与当时的法国大相径庭，与其他发展中国家也存在区别，但两位学者的著作还是可以警醒我们，在实行改革过程中应高度重视回应群众诉求、满足群众需要、提升群众满意度。

早在上世纪 80 年代，中国社会中就出现了"端起碗吃肉，放下筷子骂娘"的现象，全社会物质生活不断改善，但部分人牢骚、抱怨、不满情绪较大。由于国家较长一段时期内都偏重经济建设，并贯彻"效率优先，兼顾公平"的分配原则，对这种现象一直没有上升到施政理念及系统性政策的层面来应对。

到本世纪初，由于各种社会问题和矛盾明显增多，党和政府开始日益重视群众诉求及幸福感、满意度问题。2006 年 10 月，党的十六届六中全会通过了《中共中央关于构建社会主义和谐社会若干

[①]《"十三五"推进基本公共服务均等化规划》，中国政府网，2017 年 3 月 1 日，http://www.gov.cn/zhengce/content/2017-03/01/content_5172013.htm。

[②] [法] 托克维尔：《旧制度与大革命》，冯棠译，商务印书馆 2012 年版，第 74 页。

[③] [美] 塞缪尔·P. 亨廷顿：《变化社会中的政治秩序》，上海世纪出版集团 2008 年版，第 4 页。

重大问题的决定》，明确构建社会主义和谐社会的首要原则是坚持以人为本，要求始终把最广大人民的根本利益作为党和国家一切工作的出发点和落脚点，实现好、维护好、发展好最广大人民的根本利益。2007 年 10 月召开的党的十七大关注"人民幸福"，强调"社会建设与人民幸福安康息息相关"。2010 年 3 月，时任总理温家宝在政府工作报告中提出"要努力建设人民满意的服务型政府"，并强调政府所做的一切都是"要让人民生活得更加幸福、更有尊严，让社会更加公正、更加和谐"。

党的十八大以来，以习近平同志为核心的党中央深入贯彻以人民为中心的发展思想，着力让人民群众有更多获得感。2012 年 11 月 15 日，习近平在十八届中央政治局常委同中外记者见面时就指出，"人民对美好生活的向往，就是我们的奋斗目标"。2013 年，习近平提出"以人民为中心的工作导向"；到 2015 年 10 月党的十八届五中全会上，又进一步上升为"以人民为中心的发展思想"。2015 年 2 月 27 日，在中央全面深化改革领导小组第十次会议上，习近平在公开场合第一次提出"让人民群众有更多获得感"。关于提升人民群众获得感的途径，习近平指出，"要抓住人民最关心最直接最现实的利益问题，抓住最需要关心的人群，一件事情接着一件事情办、一年接着一年干，锲而不舍向前走"[1]。

现实表明，近年来，广大人民群众的获得感不断提升。国家发展改革委经济体制与管理研究所针对全国城镇居民的连续性抽样问卷调查显示，2015—2017 年，城镇居民对我国改革进展的总体评价

---

[1] 中共中央宣传部：《习近平总书记系列重要讲话读本（2016 年版）》，学习出版社、人民出版社 2016 年版，第 215 页。

越来越高；70% 的居民幸福感上升；居民对国家发展与稳定、家庭生活、个人发展的信心度都呈上升趋势，2017 年对国家发展与稳定有信心的人数比例超过 80%。[①]

---

① 参见国家发展改革委经济体制与管理研究所社会调查课题组系列调研报告：《坚持全面深化改革 满足人民美好生活需要》《深化行政体制改革 建设人民满意的服务型政府》《坚持在发展中保障和改善民生 提升人民获得感》，发表于《体制与管理》（内刊）2018 年第 4—6 期。

第八章　把权力关进制度的笼子里：
法治政府的建设

政府法治建设伴随着改革开放整个历程，为改革和发展提供了坚实的制度支撑。改革开放 40 年来，特别是自 1997 年党的十五大提出"建设社会主义法治国家"以来，中国的法治政府建设实现了历史性的跨越，告别人治，迎来法治，赢得了国内外的赞誉。政府不但实现了从计划经济到市场经济的转型，而且逐步实现了政府职能的转变，政府权力逐渐受到了限制，人民的权利得到切实尊重和保障。法治政府建设的目标是要依法治官治权，是要把政府的权力关进制度的笼子里，是要依法设定权力、规范权力、制约权力、监督权力，是让政府按照法律的规定为人民服务，保证政府活动始终坚持为了人民、依靠人民。

第一节　从制宪到依宪治国

一、从政府权力的来源说起：权力来自法授和人民

从程序和依据上讲，政府的权力都是通过法律授权的，来源于宪法和法律的规定，而从权力来源的本质上说，政府权力是人民赋

予的，人民群众是政府的权力的终极来源。

（一）法律授权是政府权力直接来源

1949 年 1 月 6 日至 8 日，中共中央政治局在西柏坡举行的会议通过了毛泽东起草的《目前形势和党在 1949 年的任务》的决议。决议指出："一九四九年必须召集没有反动派代表参加的以完成中国人民革命任务为目标的各民主党派各人民团体的政治协商会议，宣告中华人民民主共和国的成立，组成共和国的中央政府，并通过共同纲领"。①

1949 年在新中国成立初期，人民代表大会实际并未召集，人民政府委员会成为地方政府唯一的拥有全部国家权力的机关，由上级政府任命，因而权力来源仍为上级的授予。"各界人民代表会议"一度被设定为地方政权的主要组织形式，在普选的人民代表大会召开之前由它代行人民代表大会职权。关于各界人民代表会议与人民代表大会代表产生方式的不同，刘少奇在 1949 年 9 月 23 日的指示中有明确说明："各界人民代表会议的代表就主要是由各人民团体直接或间接选举的……人民代表大会是全权的，其代表主要应由人民直接选举或由下级人民代表大会间接选举，而不是由人民团体选举。"②

1949 年 9 月 21 日，召开中国人民政治协商会议第一届全体会议。会议于 9 月 29 日通过的《共同纲领》第 12 条明确规定："中华人民共和国的国家政权属于人民。人民行使国家政权的机关为各级

---

① 《毛泽东年谱》下卷，人民出版社 1993 年版，第 430 页。
② 《中共中央文件选集》第 18 册，中共中央党校出版社 1992 年版，第 458 页。

人民代表大会和各级人民政府。各级人民代表大会由人民用普选方法产生之。各级人民代表大会选举各级人民政府。各级人民代表大会闭会期间，各级人民政府为行使各级政权的机关"。①会议制定了具有临时宪法作用和效力的《中国人民政治协商会议共同纲领》《中华人民共和国中央人民政府组织法》，初步确立了当代中国政府的法制框架及其体制。

1951 年 9 月 23 日，董必武在华北第一次县长会议上发表讲话指出："就人民代表大会或代表会议的政权制度诸基本点来看，是属于社会主义类型的。""我们的国家政权建设工作，首先就要开好各级各界人民代表会议。人民代表会议如能开好，应当使它迅速代行人民代表大会职权。"②

1953 年 1 月 13 日，中央人民政府委员会第 20 次会议决定，由人民普选产生乡、县、省（市）各级人民代表大会，并在此基础上召开全国人民代表大会。这是人民代表大会制度成立的奠基性伟大事件。

1954 年中华人民共和国第一部宪法和地方组织法公布，据此成立全国人大及其常委会，旋即全国人大及其常委会着手起草刑法、民法、刑事诉讼法、民事诉讼法。在这个过程当中，中国又有了 1975 年宪法、1978 年宪法，实际上是对五四宪法的一种修改，也都不完善。"文革"期间，宪法被束之高阁，公检法被砸烂，党委被踢开，一个革命委员会取代一切。

---

① 全国人大常委会办公厅联络局编：《中华人民共和国宪法及有关资料汇编》，民主法制出版社 1990 年版，第 86 页。

② 董必武：《论加强人民代表会议的工作》，载《董必武选集》，人民出版社 1985 年版，第 294—299 页。

1967 年 8 月 5 日，在中南海院内经受了又一次被打得鼻青脸肿"坐喷气式飞机"的残酷批斗之后，刘少奇手拿《中华人民共和国宪法》抗议道："你们怎样对待我个人，这无关紧要，但我是中华人民共和国主席，我要捍卫国家主席的尊严。谁罢免了我国家主席？要审判，也要通过人民代表大会。我个人也是一个公民，宪法保障每一个公民的人身权利不受侵犯，破坏宪法的人是要受到法律的严厉制裁的！"①

改革开放后，随着家庭联产承包制全面推行，中国农村人民公社生产大队式的管理模式已难以为继。1980 年 1 月 8 日，在广西宜山（现宜州市）屏南乡合寨村，村民自发投票选举产生了中国历史上第一个村民委员会。此事件与安徽小岗村土地改革成为农村两个最为关键的改革里程碑，前者的一纸契约引发了经济改革，后者的创举则成为基层制度建设改革的先导。村民自治是广大农民直接行使民主权利，依法办理自己的事情，实行自我管理、自我教育、自我服务的一项基本制度。

1982 年，中国制订了现行宪法，于 12 月 4 日正式颁布实施，因此 12 月 4 日被确定为国家宪法日。这部宪法充满了现代的宪法价值和理念，首次提出了"法律至上"的原则，规定一切国家机关都必须遵守宪法和法律，任何组织和个人都不得有超越宪法和法律的特权。②

改革开放以后的法制建设，首先是基于对建国以来，尤其是十

___

① 申欣旺、王雪：《刘少奇曾称年轻人搞宪法浪费 文革时拿出宪法抗议》，《中国新闻周刊》2011 年 5 月 5 日。
② 唐冰开、刘雪峰编著：《和谐社会视阈下的政府治理问题研究》，吉林大学出版社 2010 年版，第 211 页。

年动乱中的法律虚无主义、专制主义和对公民基本权利的践踏的痛苦反思提出来的，继而又与实现工业、农业、科技、国防四个现代化的赶超目标联系在一起，并最终"定位"在建设富强、民主、文明的社会主义法治国家这样一个高度上。1999 年宪法修正案，在 1982 年宪法第五条增加一款，作为该条第一款，规定"中华人民共和国实行依宪治国，建设社会主义法治国家"。党的十一届三中全会以来，中国的政府法制建设取得了令人瞩目的成就，建立和完善了一整套的政府法规体系，对政府机关的设置、人员更迭、职责权限、工作方式、运行机制等都进行了系统完整的规定，政府的各项管理工作日益走上法治化轨道。

中国经济社会不断发展，对建设法治政府提出现实要求。1989 年颁布的行政诉讼法，正式建立"民告官"的行政诉讼制度，为公民、法人和其他组织提供了保护合法权益、监督行政机关依法行使行政职权的司法渠道。20 世纪 90 年代，国家赔偿法、行政复议法等相继出台，具有中国特色的行政法制监督和权利救济法律制度初步确立起来。[①]

党的十八大以来，特别是以十八届四中全会为标志，进入全面推进依法治国，建设中国特色社会主义法治体系的新阶段。党的十九大报告强调："明确全面推进依法治国总目标是建设中国特色社会主义法治体系，建设社会主义法治国家。"中国高度重视发挥宪法在治国理政中的重要作用，强调各级政府和领导干部要以法治思维和法治方式推进改革，思考和解决问题，将改革纳入法治化轨道，

---

① 马怀德：《法治政府建设在改革开放中稳步推进》，《人民日报》2018 年 7 月 25 日第 7 版。

将各级地方政府及其公职人员的权力纳入法治化轨道。

（二）人民是政府权力最终来源

在中国，政府的权力来自于人民。早在民主革命时期，有个美国记者问毛泽东，"你们办事，是谁给的权力？"毛泽东回答："人民给的。人民要解放，就把权力委托给能够代表他们，能够忠实为他们办事的人，这就是我们共产党人。"毛泽东同志指出，"人民，只有人民，才是创造世界历史的动力"，"群众是真正的英雄"。邓小平同志指出，"政府是人民的，也是为人民的。"习近平总书记指出人民主体地位，强调"各级领导干部都要牢记，任何人都没有法律之外的绝对权力，任何人行使权力都必须为人民服务、对人民负责并自觉接受人民监督。""大家要牢记，权力是人民赋予的，要为人民用好权。"①

从权力的起源上来看，政府行使的是公共权力，而公共权力来自于人民。中国的政体属性决定了一切权力来源于人民，所以服务人民是有权者的当然责任。在实际运作中，人民通过选举产生全国人民代表大会和地方各级人民代表大会，行政机关、司法机关都由人民代表大会产生，对它负责、受它监督，这些都体现了政府权力来自人民将自己的权力委托的特征，人民给自己选出代表，再由这些代表，代表他们去行使国家权力。

在现实政治过程中，人民通过直接选举或间接选举的方式，产生地方各级人民代表大会作为地方国家权力机关，再由地方国家权

---

① 王衍诗：《严防权力把制度关进笼子里——论制度与权力的较量》，《南方》2016年第9—10期合刊。

力机关人民代表大会选出它的执行机关人民政府。习近平总书记多次强调"人民是历史的创造者"，"人民是历史的主体"，"我们必须坚持国家一切权力属于人民，坚持人民主体地位，支持和保证人民通过人民代表大会行使国家权力"。在中国，所有法律的制定，都是通过全国人民代表大会及其常务委员会制定的，而全国人民代表是全国人民选出来的，代表的是人民的意愿，人民代表通过人大制定的法律，也是符合人民的意愿的，法律授予政府权力来管理国家，这个权力正是人民赋予的。

二、权力来自哪里：掌权者就向哪里负责

（一）权力为民所用才能为民所服

权力价值是关于权力的目的、意义等问题的根本观点，决定着权力运行的方向。[①] 只有把权力放在民众的眼中去审视、去监管，人民所赋予的权力，才能为民所用，权力天然的兽性才会被制度所驯、为民众所服。对于权力监督，中国不乏规制，也不乏"高度重视"。但掌权者伤民现象并未真正得到扼制。究其原因，就是掌权者设计制作了"笼子"并掌管着"笼子"的钥匙，"笼子"看上去很美，却漏洞百出。江西省原副省长胡长清因贪污受贿被严惩，死前曾说"组织的管理和监督对我而言，如同牛栏关猫，进出自由"。

个人对自己权利与自由实现程度的不断追求，既成为社会发展的动力，也导致了个人与他人、个人与社会矛盾的不断增长，可供满足资源的有限性与个人欲求的无限性使得矛盾不能完全消除。由于个人权利与他人及社会权利实现过程中的各种矛盾，必须通过政

---

① 卫刘华：《略论共产党人的权力观》，载《党建研究》2018 年第 7 期。

府来抑制被滥用的权利，将每个人对权利实现的欲求限制在一定的范围内，以不影响他人同样权利的实现、不影响社会公益为前提。政府在运用公共权力限制个人权利时，一旦超过了保障他人权利与社会公益必需范围，或者滥用公共权力侵害个人的基本权利与自由，个人就有权不服从，就可以运用法律通过司法途径来维护自己的正当合法权益。公共权力在限制个人权利滥用的同时，个人权利也是对公共权力的有力制约。

制约权力仅仅靠政府自觉是行不通的，仅仅靠外部的制度制约也是不够的，以社会权利制约权力，并使之作用得到充分发挥，可以收到事半功倍的效果。政府权力在行使中，在试图超越边界时，如果有社会力量的及时制止就不会发生，多次尝试失败后，不可超越的观念就会建立起来，制度约束就会最终建立起来。所以，建设强大的法治社会是法治政府构建的坚实基础。政府权力除了在其内部要进行合理划分，不使立法、行政与司法权由一个或两个机关行使外，还必须建立一套完善的制约机制。这里包括法律制约政府必须守法、以权力制约权力、政府机关相互制约、公民参与监督权利制约等。

专栏 8-1　法律的目的是保护和扩大人的自由

约翰·洛克（John Locke，1632 年 8 月 29 日—1704 年 10 月 28 日）是英国的哲学家。洛克的思想对于后代政治哲学的发展产生巨大影响，并且被广泛视为启蒙时代最具影响力的思想家和自由主义者。他的著作也大为影响了伏尔泰和卢梭，以及许多苏格兰启蒙运动的思想家和美国开国元勋。他的理论被反映在美国的独立宣言上。

一、社会契约论

人们为了克服自然状态的缺陷，更好地保护他们的人身自由财产权利，便相互订立契约，自愿放弃自己惩罚他人的权利，把他们交给他们中间被指定的人按照社会全体成员或他们授权的代表所一致同意的规定来行使，当人们这样做了以后，国家就成立了。

二、国家的性质

国家或者政府是人们相互订立契约的结果，有限政府，即政府的权利要受到契约的方式的限制，要以人民的同意为基础。（1）政府接受的权力是有限的；（2）政府是契约的参加者，其权力要受到契约的限制。人们在把权力授予政府时是有附加条件的，即规定这样的权利只能用来为他们谋福利和保护财产；（3）政府权力受人们同意的限制。政府的权力起源于政府的契约和协议，以及构成社会的人们的同意。

三、关于法治的具体主张

（1）政府必须以正式公布和长期有效的法律来治理。无论国家采取何种形式，政府都是以正式公布的法律而不是以临时的命令和未定的决议来进行统治。如果以公开的集体力量来给予政府，并迫使人们服从其根据心血来潮或无人知晓、毫无拘束发布的临时命令，那么人们将会处于比自然状态还要坏的状态；（2）制定的法律应该被执行。一个国家只有用法律治理才能顺利运转，没有它国家就不能存在，就不成其为国家了；（3）公民在执法守法方面应该一律平等。无论是统治者还是被统治者、贵族或贫民、贫者或者富者都是一样的，任何人都逃避不了法律的约束。人们建立政治社会的目的就是要使政府"用明确不变的法规来公正地和同等地对待一切当事人"；（4）法律的执行应该有灵活性。对于与公共利益有关的偶然事故和紧急事情，法律不可能遇见都加以规定，而且要是严格呆板的执行法律反倒可能有害，所以对于法律所没有的规定，应该让执行者在相关的范围内有权自由处理。灵活地运用法律。当然其目的只能是为了公众的福利。

资料来源：

① ［英］洛克：《政府论》，叶启芳、瞿菊农译，商务印书馆2008年版。

② 360图书馆，http://www.360doc.com/content/16/1031/00/36347407_602662991.shtml。

（二）依宪治国授予人民权利和限制政府权力

新中国成立后，中国依然存在浓厚的官本位意识和等级制的土壤，在治理方式上往往通过计划和政策。"文化大革命"结束后，随着经济社会的发展，尤其是确立社会主义市场经济、加入世界贸易组织等重大战略决策，中国政府建设逐渐向服务政府、责任政府、法治政府、透明政府、廉洁政府的目标靠拢。[①] 1980年邓小平同志说我们的"总病根"就是"权力过分集中"，解决这个"总病根"，在中国现阶段最有效的办法，就是在正确理顺党政关系的前提下，以权力控制权力，以权利控制权力，以民主监督权力，以法律规制权力。

坚持依法治国，首先要坚持依宪治国，坚持依法执政首先要坚持依宪执政。[②] 国家治理现代化必然要依据宪法的内容，同时也要推

---

① 沈传亮：《大转型：中国治理变革研究》，河北人民出版社2013年版，第131页。
② "依法治国，首先是依宪治国；依法执政，关键是依宪执政"。引自习近平：《关于〈中共中央关于全面推进依法治国若干重大问题的决定〉的说明》。

动宪法的完善和发展。新中国成立以来特别是改革开放 40 年来，宪法在改革开放和社会主义现代化建设的历史进程中、在中国共产党治国理政的实践中发挥了十分重要的作用。1954 年 9 月召开的第一届全国人民代表大会第一次会议通过了《中华人民共和国宪法》，为巩固社会主义政权和进行社会主义建设发挥了重要保障和推动作用；中国现行宪法即 1982 年宪法，深刻总结了中国社会主义建设正反两方面经验，为改革开放和社会主义现代化建设提供了有力法制保障。可以说中国各方面事业发展取得的巨大成就，都离不开宪法的保证和推动。

2001 年 12 月 4 日，不同阶层、不同领域的人都拥上街头，以各种方式庆祝第一个全国法制宣传日。此后每年的"12.4"，都成为宣传宪法知识、普及法治观念的标志性载体。在国家连续普法的催生中，在社会法治事件的亲身参与中，古老的"东方之子"逐渐改变了历史上的"臣民"角色，而实现着由"平民"向"公民"身份的转变。面对不公，他们不再选择沉默，而是积极地依据宪法捍卫自己的权利。1999 年，山东省枣庄齐玉苓，当初或许不会想到，她"为受教育权而斗争"状告他人冒名顶替自己上学，引起中国第一次在司法审判中引用宪法进行判决，成就了"宪法司法化第一案"。虽然 2001 年最高法院作出的司法解释后来被废止，却开启了一种公民援用宪法的风尚。自此，就不断有公民以侵犯宪法权利为名诉诸法庭。

无数事实证明，国家经济的发展和政治改革的推进，正促使人民民主意识的觉醒，依法维护自身合法权益意识的增强。2004 年 4 月 1 日，北京一位 63 岁的老人手持新修正的宪法，抵制有关部门的强制搬迁。此举不仅昭示着公民权利意识的提高和宪法观念的增强，更表明法律正在以一种"润物细无声"的姿态，从单纯的文本悄然进入民众的内心深处。而随后一个叫李红光的普通市民，自费登广告推荐治理深圳 12 条建议，以"广告参政"。与臣民、平民相比，现代意义上公民的最大特征，在于一种政治的参与，一份责任的担当。近年来，就公共议题频频上书公权力机关或发表公开信，已构成法治社会迅速成长的历史性标记。从孙志刚（之死引起中国收容制度废止案当事人）事件中三位博士和五位学者上书全国人大开始，公民向有关机关提交呼吁书、立法建议书、违宪审查建议书等上书行为层出不穷，仅公开报道的向全国人大常委会上书就达十五件之多，内容涉及户籍制度、暂住证制等关乎老百姓切身利益的事情。

专栏 8-2　法学博士上书质疑收容违宪

2003 年 5 月 14 日，一份题目为"关于审查《城市流浪乞讨人员收容遣送办法》的建议书"，传真至全国人大常委会法制工作委员会。建议人在落款处郑重签名：中华人民共和国公民：俞江，华中科技大学法学院；腾彪，中国政法大学法学院；许志永，北京邮电大学文法学院。三人还有一个共同身份：法学博士。而直接引发他们递交这份公民建议书的动因，是湖北青年孙志刚命丧广州收容人员救治站事件的发生。

2003 年 8 月 1 日，由国务院发布的《城市生活无着的流浪乞讨人员救助管理办法》开始施行，标志着中国对城市流浪乞讨人员的救助工作机制得到进一步的完善。而此前已经施行了 20 多年的《城市流浪乞讨人员收容遣送办法》，也已同时废止。这项政策的

"变革"，起因于一桩震惊中央政府高层、备受人们关注的收容致死案——孙志刚事件。

2003 年 3 月 17 日晚上，任职于广州某公司的湖北青年孙志刚在前往网吧的路上，因缺少暂住证，被警察送至广州市"三无"人员（无身份证、无暂居证、无用工证明的外来人员）收容遣送中转站收容。次日，孙志刚被收容站送往一家收容人员救治站。在这里，孙志刚受到工作人员以及其他收容人员的野蛮殴打，并于 3 月 20 日死于这家救治站。这一事件被称为"孙志刚事件"。孙志刚被故意伤害致死案发生后，中央和广东省委领导高度重视，指示要坚决依法彻底调查，严惩凶手。后经广州市中级人民法院、广东省高级人民法院公开审理，对涉案犯罪嫌疑人依法给予惩处。

参考文献：新浪网，http://news.163.com/special/s/sunzhigang.html。

第二节　从依策执政到依法执政

一、从"法制"到"法治"：执政理念的嬗变

（一）从"以法治国"到"依法治国"

建国之初，中国共产党和国家第一代领导集体就将社会主义民主与法制建设上升到革命的高度。毛泽东一再强调：一定要守法，不要破坏革命的法制。刘少奇在党的八大政治报告中提出："国家的迫切任务之一，是着手系统地制定比较完备的法律，健全我们国家

的法制。"然而，社会主义改造完成后，党和国家领导者在依靠党的政策还是依靠法律来治理国家的选择中，最终放弃了法律之治而倾向于政策之治。对法治这个问题我们刚开始也并没有切实认清它的本质含义——约束公权力，更多的是依政策办事，所以在1984年彭真同志说，"要从依靠政策办事，逐步过渡到不仅依靠政策，要建立、健全法制，依法办事"。

在20世纪50年代中后期，法学家钱端升、王造时等提出了法治主张。而这一主张，却随着1957年反右斗争的展开而备受打击。以"人治"方式进行治理，"文革"成为潜藏矛盾的一次总爆发。或许正是有了十年浩劫的痛楚记忆，人们才在痛定思痛之后，向法制发出了急切的呼唤。经过对民主和法制问题进行认真的讨论，党和国家领导集体在思想上趋于统一。1978年12月，"有法可依，有法必依，执法必严，违法必究"十六字方针的提出，将中华人民共和国拨转到法制的轨道上。

1997年9月，党的十五大提出依法治国，从"法制"到"法治"，20年改一字，个中艰辛，又有几人知其味？"以法治国"与"依法治国"虽然只有一字之差，其内涵却有着本质的区别。"以法治国"是说用法律去治国，法律是一种用来治国的工具，这是传统的管理主义的法律观念。这种"法治"，主体是国家机关，是手中掌握权力的人，治理的对象是人民群众。而且"以法治国"有法律工具主义的嫌疑。国家的管理者如果把法律当作手中的工具，则有可能任意改变这一工具，或者滥用这一工具。因此，这种观念的实质是法制而不是真正的法治，甚至是人治的另外一种表现形式。"依法治国"是说治国必须依法，即治理国家的方式方法必须依照法律的规定。

这是现代的控权主义的法律观念。[1] "以法治国"的实质是"以法治民"，而"依法治国"的实质是"依法治吏"。

（二）私权保护使"民告官"成为常态

1991年之前，中国舆论界都一致反对人权这个概念，认为强调"人权"西方口号，是"资产阶级"的东西。在学者和社会各界的努力下，2004年修改宪法，将人权保障写进了宪法条文。2012年，全国人大修改刑事诉讼法，再次明确"人权入法"，将"尊重和保护人权"明确写入刑事诉讼法，使"人权入宪"得以深化和具体化。

改革开放之初，人们的法律和维权意识还很淡薄。第一部刑法刚实施时，法官宣判后问被告人："上诉吗？"被告人摇摇头说："不会上树。"随着法制观念的提升，人们开始尝试拿起法律武器维护自己权益。1988年，一位叫包郑照的浙江农民因不服强行拆除其楼房的行政处罚决定，将苍南县政府告上法庭，成为改革开放后以权利抵制公权力侵犯私权的第一个实践者。1989年，行政诉讼法确立"民告官"的法律制度。行政诉讼法从1987年成立立法研究组开始起草，到1989年4月讨论通过，这部仅有75个条文的法律，深刻改写了中国数千年官民关系的历史。如今，民告官渐成常态。[2]

1994年，国家赔偿法通过，短短35个条文，宣告了国家不承担法律责任的终结，为政府责任行政套上法律缰绳。1996年，行政处罚法正式施行，限制政府滥用处罚权、维护公民合法权益成为重

---

[1] 汪亮：《从法制到法治，从以法治国到依法治国》，http://fxy.fjnu.edu.cn/36/98/c1063a13976/page.htm，最后访问日期2018年7月25日。

[2] 陈耿、傅达林、刘婷婷：《走向新中华法系的道路　新中国60年法治探索回眸》，《经济参考报》2009年6月22日。

要目标。1999 年，行政复议法出台，开通了老百姓向政府"讨说法"的又一重要渠道。2003 年，行政许可法通过，使中国成为世界上首个为"行政许可"单独立法的国家，政府审批行为从此被套上"紧箍咒"。

2002 年 8 月 18 日晚，延安市宝塔公安分局万花派出所民警称接群众举报，新婚夫妻张某夫妇在其诊所中播放黄碟，当延安市公安局万花派出所的 4 名便衣民警闯入张某诊所卧室时，怎么也不可能想到会产生那么大的轰动效应，一次再简单不过的查处黄碟执法，引起了全国民众的一致谴责。主流观点认为，这是一个典型的个人私权利和国家公共权力之间的冲突的案例，主张警察无权干预个人隐私。在面对公权的非正当介入时，社会表现出了不约而同的担忧与抵制，捍卫个人自身权利成为一种时尚。

党的十八届三中全会《决定》就司法制度改革作出了具体部署："确保依法独立行使审判权、检察权；健全司法权力运行机制；完善人权司法保障制度。"与此同时，中国的法律也在不断地健全和完善，为相关领域体制制度的改革提供保障。2017 年 3 月 15 日，中国民法典的开篇之作——《中华人民共和国民法总则》诞生，被誉为"社会生活百科全书"的民法典翻开了关键一页。近年来一系列司法改革举措、重大冤假错案的纠正、国家赔偿法制度的实施，都彰显了党和政府公正司法、维护社会公平正义、推动建设法治社会的决心。

二、简政放权：政府与市场关系的法律调整

（一）简政放权实质是权力本位向权利本位回归

在抗战时期，毛泽东同志为了改进机关主义、形式主义、官僚主义，就提出过"精兵简政"，而在改革开放的历史进程中，行政体

制改革的重点也是简政放权。1942 年 12 月，毛泽东在陕甘宁边区高级干部会议上作的《经济问题和财政问题》的报告中就指出，从事经济和财政业务的工作人员，还必须克服存在着的有些还是很严重的官僚主义，例如贪污现象，摆空架子，文牍主义等等。毛泽东非常重视抗日根据地的民主政治建设，强调敌后根据地政权的性质是民族统一战线的，在保证党的领导地位的前提下，在人员分配上应严格实行"三三制"的原则；共产党人要提倡民主作风，不得一意孤行、把持包办，要接受人民的监督。当时，陕北开明绅士李鼎铭先生提出"精兵简政"的建议，一些人不以为然，怀疑其正确性，毛泽东却高度评价说，这个办法很好，恰恰是改造我们的机关主义、官僚主义、形式主义的对症药，并为《解放日报》写了《一个极其重要的政策》的社论。随后他提出要严格、彻底、普遍地实行"精兵简政"，并指出在这次精兵简政中，必须达到精简、统一、效能、节约和反对官僚主义五项目的。①

简政放权本质是要还权于企业，还权于市场，还权于社会，限公权、促民权，遏制官员权力滥用，激活社会活力，释放制度红利，把错装在政府身上的手换成市场的手，实现从"要做"到"如何做"的角色转换。党的宏观管理，解决政府缺位问题；简政放权，解决政府越位问题。缺位和越位往往互为因果，该管的不管，或者说管不好；而不该管的乱管，也管不好。

---

① 梁柱：《重温毛泽东反对官僚主义的论述：官僚主义是人民民主的大敌》，《红旗文稿》2013 年 9 月 9 日。1980 年 10 月 19 日，彭真在一次会见外宾时说，现在，我们政治改革的重点是解决国家体制问题，也牵涉到党的体制，我们国家体制最大的毛病是权力过分集中，中央集权过多。《彭真说中国体制最大的毛病是权力过分集中》，人民网，http://www.people.com.cn/GB/historic/1019/3491.html，2013 年 8 月 1 日。

党的十八大以来，简政放权成为法治政府建设的重中之重，其推进速度前所未有。随着简政放权和政府职能转变的深入推进，许多政府服务已由原来的"反复跑"变为"只用跑一次"甚至"一次都不用跑"，从"政府磨破嘴、群众跑断腿"到"数据代替人跑路"，从"最后一公里都不通"到"送到最后一米"，长期以来困扰企业和百姓的"跑腿的烦恼"越来越少，各种类似"证明你妈是你妈"的"奇葩证明"、乱收费等百姓痛点，以及行政审批事项、商事登记等企业痛点等多个方面的改革得到了很大的改善，老百姓感受到了切实受惠。

（二）权力清单让政府法无授权不可为

长期以来，中国实行的是"大政府、小社会"的管理模式。随着社会主义市场经济体制的建立和社会组织的发育壮大，这种管理模式在某些方面的错位、越位、缺位现象愈发严重。从行政体制内部来看，许多本该由下级行使的权力依然集中在上级手中，下级的自主决定权得不到应有的保障；从行政体制外部看，有些本该可以由市场和社会解决的事情，政府也自觉不自觉地揽在自己手中，直接影响到市场和社会作用的发挥。权力过大过于集中的"大政府"，在一定程度上制约了社会主义市场经济体制的完善，抑制了经济发展活力和社会的积极性、创造力，增加了生产经营活动的非经济成本，同时也容易产生以权谋私、贪污腐败等现象。

不论哪种权力主体，也不管它是自己执行或是受托代行，只要启动了权力，就应预设责任于其运动之后，以使权责成为不可分的整体。为解决政府职能错位、越位、缺位现象，党的十八届三中全会要求推行地方各级政府及其工作部门权力清单制度，依法公开权力运行流程。其后，十八届四中全会再次强调，推行政府权力清单制度，坚决消除权力设租寻租空间。近年来，中国各级政府工作部门全面推行清单制度，推进政府机构、职能、权限、程序和责任法定化，厘清权力的边界。各地在推行权力清单制度工作中，涌现出不少改革亮点。

浙江推进"四张清单一张网"（权力清单、责任清单、企业投资负面清单、财政专项资金管理清单和政务服务网），省级部门行政权力从几年前的 1.23 万项精简至 4092 项；安徽公布省级公共服务清单和省级行政权力中介服务清单，晒出行政机关单位应提供的 4000余项公共服务和清理规范后的 200 余项行政中介服务；江苏实现了"三级、四同、一分、一压缩"，即相同的权力事项，在省市县三级名称、类型、依据、编码相统一，明确省市县三级的层级分工，压缩自由裁量权；山西除省市县三级编制权责清单和部门运行流程图，还专门编制了廉政风险防控图。针对权力运行中容易滋生腐败的重点部位、关键环节，深入查找每项职权运行的风险点，并对风险点分类定级，强化对职权运行的动态监控；广东率先以地方立法的形式出台《广东省行政许可监督管理条例》，防止清单之外擅自扩权；截至目前，全国 31 个省（区、市）的省市县三级政府部门权责清单均已公布。

三、依法行政：法治政府建设的关键

（一）行政程序公正遏制权力任性

在所有国家权力中，行政权力是最桀骜不驯的，因为它是唯一不需要借助程序就能行使的权力，所以它有极大的随意性和广阔的空间。而程序公正能够有效遏制行政权力任性。自 20 世纪 80 年代开始，中国行政机构改革、税收征管体制改革、价格决策机制改革、政务公开、行政审批改革等诸多行政改革相继展开，特别是近年来中国进一步转变政府职能，改进管理方式，推行电子政务，提高行政效率，降低行政成本，形成行为规范、运转协调、公正透明、廉洁高效的行政管理体制。据此可以推断，在中国高层的直接支持和推动下，未来的行政改革将在更大的范围内展开。

在理解程序公正的重要性时，我们可以引用一个著名的"分粥"理论。说有几个人分粥喝，开始怎么分都会有人对负责分粥的人有意见，后来就有人提议规定持勺分粥者，必须是最后一个得到粥，这样就再也无人有意见了。这种规则，从规则上就确定了分粥的人必然要尽可能地将粥分得最为公正，否则，自己的利益必然受到损害。同时，对于其他人来说，这种规则公正公开，易于接受。这种分粥的方式相对来说做到了程序公正，也促进了实体公正。

近些年，中国在程序公正上向前跨了一大步。2016年6月6日，最高人民法院决定依照审判监督程序依法提审聂树斌案（1994年聂树斌已经被执行死刑），法庭对聂树斌故意杀人、强奸妇女再审案公开宣判，宣告撤销原审判决，改判聂树斌无罪（依据疑罪从无），在国内引起强烈轰动，成为中国法治现代化的一个里程碑。

专栏8-3　人民日报评聂树斌无罪：正义晚了　终究来了

聂树斌故意杀人、强奸案从2005年被媒体首次报道，该案始终没有淡出公众的视野。自1994年案发、1995年判决执行死刑后历经已有二十余年，该案案情重大、疑难、复杂，社会关注度高、影响巨大。2016年，经最高人民法院第二巡回法庭宣判，以证据不足判决聂树斌无罪。

聂树斌案改判无罪具有重大意义，堪称中国刑事司法历史中一个里程碑式的案件。聂树斌案改判无罪是中国全面依法治国的时代背景中实现的。案件从 2005 年王书金出现、聂树斌母亲张焕枝不断申诉，到最高人民法院指定异地复查、听证、决定再审到最终宣判，虽然步履艰难，但始终在向正确的方向推进。

参考文献：新浪网，https://news.sina.cn/2016-12-02/detail-ifxyhwyy0498887.d.html。

（二）反腐倡廉提升政府公信力

中国共产党对反腐败是一直在探索的，从毛泽东主席开始，新中国一成立，我们就在反腐败，甚至在延安革命时期，就开始反腐。腐败的根源是国家行政机关拥有大量行政权力，当权力本身过多、过大，又不受外部监督和规范时，官员贪腐自然滋生。当权力已成为一种利益时，廉洁政府能否建成，关键在于政府是否有"割自己身上肉"的决心。随着党政干部手里权力越来越大，反腐形势日趋严峻。反腐败是政府的一项长期而艰巨的任务，要想不断提升政府公信力，就必须坚持反腐倡廉。

政府公信力的大小取决于人民群众对政府的施政理念、制度建设、执行成效等的认可程度。政府公信力主要表现为政府在诚信方面所做的努力、政府服务大众的能力、政府依法办事的效率以及政府行政程序的透明度和开放化程度等。可以说，政府公信力就是政府的号召力与感染力，是政府在人民群众心目中所树立的形象。政府公信力是政府有效行使社会治理权力的重要前提。具有公信力的政府是有责任有担当的政府，是能够让权力在阳光下运行、让群众放心和满意的政府，是真正的服务型政府。

党的十一届三中全会后，中国开始进入改革开放的新时期，也标志着中国反腐倡廉工作进入了一个全新的时期。十一届三中全会提出要以经济建设为中心、发展商品经济，这同样也带来了负面的影响。在这种环境的影响下，党内不断发生行贿受贿、以权谋私、损公肥私、走私贩私等现象，这严重腐蚀了党风建设和良好社会风气的养成。在这种社会大局势下，针对各种腐败现象，1983年至1987年，中国共产党在全国范围内进行了大规模整党。在这个时期，中国共产党面临的腐败问题主要是干部特殊化和在经济领域的违法乱纪现象。虽然进行了整党及反腐败斗争，也制定了相关策略，并未使党风根本好转。而且还出现了一些令人忧虑的问题，那就是政治思想战线软弱混乱、对腐败打击力度不够，未能彻底根除。

在党的十三届四中全会之后，党重点整治人民群众反映最为激烈的问题——行业的不正之风和领导干部的自律建设。党的十五大郑重提出："依法治国，是党领导人民治理国家的基本方略。"经过这一时期的反腐败斗争使我党的反腐败进程向前推进一步，并且通过为期两年的讲学习、讲政治、讲正气的"三讲"教育活动着重解决了党员在党性党风方面存在的各种问题，让广大党员干部通过"三讲"教育活动认识到自己的不足之处。但是在此过程中法制建设程度不够、体系不完善，领导干部的自律性、反腐败的主动性并没有呈现出飞跃式的发展，并且针对中国的国情，反腐倡廉工作的开展应该有创造性、有新的特色。

进入21世纪之后，中国的改革发展也进入了关键时期，与此同时中国也出现了一系列新的问题。面对这些新出现的问题，中国共产党科学分析了国内外形势，并在总结中国社会主义建设经验教训的基础上，一方面通过全面贯彻落实科学发展观来领导全国各族人民构建社会主义和谐社会，另一方面也对党风建设和反腐倡廉建设高度重视。

党的十八大以来，中央坚持"老虎""苍蝇"一起打，至少已有 158 名省部级及以上官员被调查。全面从严治党、坚定反腐倡廉，是党的十八大以来以习近平同志为核心的党中央领导全党全国人民坚持和发展中国特色社会主义的最突出成就和最鲜明亮点，是在新的历史起点上推进中国特色社会主义进入新的发展阶段的最重要标志和最强大动力。

（三）法治是产权保护的最强"保护伞"

财产权必须得到良好的社会保证，因为它是每个人安身立命的基础，对人的独立、尊严、人格以及自由具有根本的重要性。法治政府建设是依法保护产权的关键。随着中国法治建设的不断深入，中国各级行政机关不断强化法治意识和服务意识，平等对待各类经济主体，切实改善营商环境。当前中国正处于经济转型升级的关键期，保护好企业家财产权，稳定企业家预期，增强企业家投资的信心和积极性，营造民营企业创业、创新的土壤，将为地方经济发展培育稳健持久的内生增长动力。法治既是立法机关、行政机关、司法机关、公民及企业行为的最大共识和公约数，也是产权保护的最根本依托和最强"保护伞"。

中国改革开放的历史，也是一部不断强化产权保护的历史。从改革开放初期在农村建立家庭联产承包责任制，到 20 世纪 80 年代中后期放开民营经济、90 年代推进国有企业股份制改革；再从 2004 年"私有财产权不受侵犯"入宪，到 2007 年物权法实施，这些都堪称中国产权保护的标志性事件。中国的产权保护法律体系也初步建立。

2017年11月28日《中共中央国务院关于完善产权保护制度依法保护产权的意见》（下称《意见》）正式发布。文件首次以中央名义出台产权保护顶层设计，也与中共十八大以来产权保护的方针政策一脉相承。在中共十八届三中全会、四中全会、五中全会，及国家"十三五"规划中，"产权保护"的内容都有所体现，坚持平等保护，公有制经济财产权不可侵犯，非公有制经济财产权同样不可侵犯。这是中国改革开放史上一个里程碑式的事件。

党的十八大以来，中央一直在推动完善产权保护制度。十八届三中全会提出完善产权保护制度，保护各种所有制经济产权和合法利益；十八届四中全会提出健全以公平为核心原则的产权保护制度，加强对各种所有制经济组织和自然人财产权的保护；十八届五中全会提出推进产权保护法治化，依法保护各种所有制经济权益。2017年12月28日，最高法院宣布对三起涉产权案件进行再审。张文中诈骗、单位行贿、挪用资金案是其中之一，另外两起是顾雏军虚报注册资本、违规披露、不披露重要信息、挪用资金案，及李美兰与陈家荣、许荣华确认股权转让协议无效纠纷案。2018年5月31日，一份无罪判决为历时12年的张文中诈骗、单位行贿、挪用资金案划上了句号。该案引发的关于产权保护的思考不止于此。

专栏 8-4　张文中案改判：产权保护纠错样本

20世纪90年代初，张文中"下海"经商。1994年，张在北京创立物美商城（后重组为物美投资）。2003年，北京物美商业集团股份有限公司（01025.HK）在香港联交所创业板挂牌，以"内地零售第一股"的概念受到了资本市场的追捧。一直到 2006 年，物美在同业并购上几乎无人能敌，整合全国 20 多家企业近 400 个网点，收购包括美廉美、新华百货等著名企业，门店覆盖华北、华东，成为国内最大的零售企业之一。然而，一切在 2006 年戛然而止。当年，时任物美控股集团有限公司（下称物美集团）董事长的张文中被中央纪委调查，后被移交司法。

2007 年 12 月 25 日，因涉嫌犯诈骗罪、单位行贿罪、挪用资金罪，张文中被河北省衡水市检察院提起公诉。一同被公诉的还有涉嫌犯诈骗罪的物美集团原行政总监张伟春，及涉嫌犯单位行贿罪的物美集团。检方指控，张文中涉嫌诈骗罪、单位行贿罪、挪用资金罪。其中，诈骗罪涉及 2002 年的一笔国债技改贴息资金，指控称当年张文中、张伟春在明知民营企业不属于国债技改贴息资金支持范围的情况下，经共谋，物美集团以中国诚通控股集团有限公司（国有企业，下称诚通公司）下属企业的名义，通过申报虚假项目，骗取国债技改贴息资金 3190 万元。

2008 年 10 月 9 日，河北省衡水市中级法院审理张文中、张伟春、物美集团案，并作出一审判决——张文中犯诈骗罪、单位行贿罪、挪用资金罪，数罪并罚被判处有期徒刑 18 年，并处罚金 50 万元；张伟春犯诈骗罪被判处有期徒刑 5 年，并处罚金 20 万元；物美集团犯单位行贿罪被判处罚金 530 万元；张文中、张伟春违法所得予以追缴，上缴国库。宣判后，张文中、张伟春、物美集团均提出上诉。再审中，张文中、张伟春及其辩护人、物美集团均认为各自行为不构成犯罪，要求依法改判无罪。最高检察院出庭检察员也认为，原判适用法律错误，导致定罪量刑错误，建议依法改判张文中、张伟春、物美集团无罪。5 月 31 日，最高法院经再审认为，物美集团作为民营企业、具有申报国债技改项目的资格，其以诚通公司下属企业的名义申报，并未使主管部门产生错误认识；物美集团申报的物流、信息化项目并非虚构；物美集团违规使用 3190 万元贴息资金，但不属于诈骗行为。

最终，最高法院改判张文中、张伟春、物美集团无罪，原判已执行的罚金及追缴的财产，依法予以返还。

参考文献：http://m.fx361.com/page/2018/0614/3657739.shtml，最后访问日期 2018 年 7 月 4 日。

第三节　法治政府建设在改革中推进

一、法治政府建设检视：法治政府，仍在路上

改革开放以来，中国一直在探索政府与市场、政府与社会的关系，在社会改革中进行政府自身的改革。但是，中国"强政府、弱市场""重实体、轻程序""重政策、轻法律"的格局至今仍然没有根本上的改变，政府职能在许多方面依然缺少明晰而刚性的法律约束，行政机构改革反反复复、行政机构设置和编制管理混乱以及行政职能法定化、规范化程度差等情况依然严重存在。离人民满意型法治政府还有很长一段路要走。

（一）以物为本观念仍作祟

中国封建官本位意识体制历史悠久，自封建社会产生等级制度时形成，春秋时深入人心，虽然新中国建立时官本位体制已经消灭，

但是这种意识至今还普遍存在，短时间内难以清除，成为法治政府建设，特别是树立法治理念，最难逾越的鸿沟。这种思想导致部分人法治观念淡薄，对法治建设带来严重影响。人情案、关系案、金钱案，是官本位思想存在的具体表现，这些都严重影响人们对于法律、法治的看法，造成人治大于法治、权大于法、信访不信法的思想产生。在处理问题时，不能客观依法思考、办事情，而是凭主观、靠经验、拍脑袋作决策、作决断。满足于现状，缺乏责任感和紧迫感，对依法行政、建设法治政府重视不够，运用法治思维和法治方式化解矛盾解决问题的能力不强。

（二）权力行使规范性不足

中国现行有效的法律有 242 部，行政法规有 900 多部，地方性法规有 3000 多部，规章有 30000 多部，规范性文件不计其数，基本实现了有法可依，但在许多领域还存在法律"空白"。特别是在一些现行有效的法律、法规、规章、规范性文件之间，还存在着法律法规相互"打架"，下位法超越上位法、立法滞后等问题。经济发展过程中出现的一系列问题，需要通过立法加以规范，但由于立法成本、立法者能力水平的制约、法律稳定性的要求、经济发展中的新问题无法预见等原因无法涵盖所有经济发展中出现的问题。不少种类的行政行为仍然缺乏实际的刚性的法律约束。例如在地方发展经济招商引资中，政府不能信守承诺，政策不稳定，前后出入太大，给投资人造成巨大损失。在立法上，总是新问题出现后，才能研究其解决方法，然后才能进行立法。另外，还存在法规与法律之间、规章与法律法规之间、部门规章之间衔接不够紧密的问题。

（三）政府因程序违法率高

程序是法治与恣意的分水岭。行政程序违法不仅造成行政相对人对行政机关执法的公正性和合法性产生怀疑，而且使得行政执法随意任性甚至被滥用、乱用，让实体公正也失去根本保证，甚至酿成"冤假错案"。程序公正是实体公正的保障，是彰显文明执法、依法行政的重要途径，也是任何行政执法行为必须遵循的基本要求，但行政机关重实体轻程序的状况仍未得到明显改善。中国目前虽无一部专门的行政程序法，但是并不缺少行政程序方面的法律规定，行政许可法、治安管理处罚法、行政处罚法、行政复议法、行政强制法等多部法律中的程序规定不乏操作性。但在行政效率的催促下，依法走程序在行政执法中最容易被忽视，现实中这种例子很多，比如认为行政处罚决定只要符合法律规定就可以，对于处罚程序是否符合法律规定不予关注。

（四）监督机制不到位

中国法治建设推进较慢的一个重要原因是执法不严格，不仅执法者不严格，而且被执法者也善于求情，善于做工作。中国很多地区相关的政府部门都存在执法主体混乱的问题，各部门之间分工不够明确，没有统一的制度进行相关人员的行为规范，都是按照当地的执法程序进行，这样使得整个执法过程异常混乱。很多执法部门缺乏一支专业的执法队伍，很多执法人员自身缺乏相关的执法资格，执法程序不合法。中国法律应对相关的执法程序进行规定，对各个部门的执法行为和程序进行有效的规范。中国基层行政执法存在很多问题，因此得不到群众的支持，甚至是产生矛盾的现象逐年上升。

近年来，从欧典地板生产企业严重欺诈消费者到"齐二药"假药注射液畅销全国，从三鹿奶粉到长生涉嫌造假狂犬疫苗，此类现象频频发生，已经严重削弱了政府的公信力，损害了行政相对人的合法权利和社会公共利益，直接影响到法治政府建设的进程。导致问题产生的主要原因就是监督制度机制不够严格。目前，中国政府执法的监督主要来自同级党委、人大、政协、媒体、群众以及因提起诉讼而受到司法监督。现实中，法律赋予的监督权力存在着从上到下、逐级减小的趋势，许多监督机构、监督机制还不够健全，造成监督无力。

专栏 8-5　防止荒唐执法，必须加一道监督"紧箍咒"

因为一篇名为《中国神酒"鸿毛药酒"，来自天堂的毒药》（原文为"毛"）的网文，广州医生谭秦东被内蒙古凉城警方以涉嫌损害商品声誉罪跨省抓捕，其后被刑拘、逮捕，并移交检察院审查起诉，结果引发轩然大波。

尽管诉讼程序尚未走完，案件也未盖棺定论，但此案中暴露出来的问题端倪，却已经令人深思。正应了上级检察机关所认定的——"目前案件事实不清、证据不足"。社会危害性是定罪量刑的基本条件，具体到损害商品声誉罪上，表现为"给他人造成重大损失或者有其他严重情节"。在最高法的《刑案审判参考》中，也规定了造成严重经济损失等后果。一篇《中国神酒"鸿毛药酒"，来自天堂的毒药》文章，实际点击量仅 2000 余次，能"致多家经销商退货退款，总金额达 827712 元"吗？犯罪行为和后果之间的因果关系明显成疑。

而且，作为一个医生，他的网上发帖，虽然存在用语等方面的违规嫌疑，但在公众看来，总体是一个专业人士的质疑而已，属于"科普及科普文章中一些不同的观点"，从现有证据看，也不是所谓"竞争对手"指使，不存在明知自己捏造事实、散布虚假信息的行为必然会损害他人的商誉、却希望或放任这种结果发生的主观故意。也就是说，仅凭发帖行为还不能证明发帖者的主观恶性到了需刑罚予以严惩的程度。即便是"毒药"等用词存在违规嫌疑，也不宜抡起刑责的大棒，来个千里大追击。

从调查看，还不仅是"事实不清、证据不足"问题，诉讼程序也有不少问题。行使侦查权的当地警方，为保护所在地特定企业介入处理，很容易被理解为"地方保护主义"。谭秦东医生被凉城警方拘留，继而被批准逮捕，对照刑事诉讼法、《人民检察院刑事诉讼规则》，这些强制措施似乎很难立得住脚。比如，批准逮捕的法定条件是"有证据证明有犯罪事实"，此案的"事实不清、证据不足"，并没有达到逮捕的基本条件。

权力是国家公器，行使必须慎之又慎，决不可任性而为。为防止权力的滥用，国家立法明确了执法的程序、标准、要求等，这些就是权力的边界，也是不容逾越的红线。在公众舆论的监督下，上级检察机关、公安部门积极回应、推动问题解决，体现了规范权力的鲜明态度，也为众多执法者撞响了警钟。全面依法治国需要从具体案例抓起。抓住这个深化法治的契机，举一反三，在深入调查、追责问责的同时，进一步提高法治意识、加强执法监督，为权力套上"紧箍咒"，才能真正避免类似的荒唐执法重演。（央视评论员）

参考文献：《防止荒唐执法，必须加一道监督"紧箍咒"》，http://opinion.people.com.cn/n1/2018/0418/c1003-29932725.html。

（五）权利救济不畅通

权利救济的基本原则对应于中国实体法对公民权利的保护。中国的程序法在对公民权利的救济方面主要包括民事诉讼法律救济、刑事诉讼法律救济和行政诉讼法律救济三大类。权利救济是中国行政制度最大的软肋，同时也是改革开放以来法制进步所呈现的最大亮点。但是，不可回避的是，中国公民权利救济制度还不完善，救济途径较为狭窄，救济的实效还差强人意。实践中，通过行政复议、行政诉讼等获得权利救济的公信力还很低，行政争议获得公正裁判结果的概率还很低，包括司法判决的权威性还往往得不到社会普遍承认，行政救济制度建设还任重道远。中央所期望的使行政复议成为解决行政纠纷主渠道问题还没有落地解决，信访制度碎片化还很严重。民告官难，仍是一个普遍的现象，中国的法律 90% 以上由行政机关组织实施，在一些领域，行政执法不严、执法不公、执法扰民等现象仍多发；在各类腐败案件中，"一把手"腐败案件占到了 70% 以上，从披露的案情看，绝大多数都是"权力型腐败"。[①] 法治作为一种社会理想在中国已经逐渐深入人心，但法治变成一种社会现实仍然任重道远。

二、法治政府建设展望：法治与善治的统一

联合国亚太经济社会委员会在其发布的《什么是善治？》中，对于善治提出了八项标准，分别为共同参与（Participation）、厉行法治（Rule of law）、决策透明（Transparency）、及时回应

---

① 贺林平：《法治政府 仍在路上》，《人民日报》2014 年 10 月 13 日 11 版。

（Responsiveness）、达成共识（Consensus Oriented）、平等和包容（Equity and inclusiveness）、实效和效率（Effectiveness and efficiency）、问责（Accountability）。[①]所谓"天下大治"，指的就是善治，其最终目的是实现人民生活幸福、社会和谐有序以及国家长治久安。党的十八大提出了法治中国建设的目标，并提出法治国家、法治政府和法治社会一体建设的思路，法治政府显然成为建设法治中国的主体工程。党的十九大报告提出"深化依法治国实践"的新要求，对"建设法治政府，推进依法行政，严格规范公正文明执法"作出重要部署，开启了法治政府建设新征程。建设一个依法设定权力、规范权力、制约权力、监督权力，依法履职、依法行政、程序公正、合理行政的法治政府，就是我们要追求的善治的政府。

（一）提升法治思维

中国提升政府决策、执行、考核、监督等层面的法治思维和运用法治思维能力，使政府能够理性地运用法律规范，对相关问题进行分析、综合、判断、推理，从而依法行政、依法决策、依法执法，使法治思维成为政府履职中的基准思维。培养政府领导干部和工作人员摒弃传统的"物本位""官本位"思维观念和模式，要用法治思维和法治方法来思考问题、处理问题，坚持依法办事、依法行政，把法律贯彻落实到各项工作之中。通过多种形式宣传教育和学习培训，普及法律知识，使广大人民群众特别是政府机关工作人员了解法律、知晓法律、熟悉法律，增强法治观念，提升法治思维，自觉

---

① United Nations Economic and Social Commission for Asia and the Pacific. "What Is Good Governance？". http：//www. unescap. org/resources/what–good–governance.

尊法、守法，善于运用法律手段解决有关问题，让法治成为一种社会信仰。

（二）提高立法质量

中国不断创新政府立法机制和方式，突出立法重点，健全和完善立法的技术标准，切实提高立法质量。加强重点领域立法，逐步形成一套更加成熟、更加定型的依法行政制度体系，有效推进国家治理体系和治理能力现代化。接受人大立法监督，落实立法法有关发挥地方人大及其常委会在立法中主导作用的要求，加强与人大及其各专门委员会的沟通和协调，配合做好地方性法规立法工作，自觉接受人大常委会对地方政府规章的备案审查。建立科学的政策评估评价机制。针对改革发展中的重点难点问题开展地方立法，及时将行之有效的改革举措上升为法规规章，抓紧修改不适应改革需求的法规规章。评估评价的实施方可以是监察、审计部门组成，也可以是各级人大。提升立法的精细化水平，完善地方政府立法程序，提高公众参与度，定期开展法规规章立法后评估，增强政府立法的及时性、系统性、针对性、有效性。通过吸纳政策制定部门、执行部门、专家、行政相对人、群众代表等相关群体，共同组建评估队伍，展开政策评估，另外亦可委托专门对口的政策评估机构来进行客观的评价。

（三）改进执法体制

行政执法主要是行政机关及其工作人员对法律规范的贯彻和执行的活动，是现代法治中法律实施的一种重要方式。中国行政执法体制经历了从分散执法到综合执法的发展过程，中心问题为行政执法权的集中与分化。建设法治政府，需要明晰行政执法机关的权责边界，从源头上避免执法交叉、执法趋利，督促行政执法机关依法执法。完善权力配置，改善权力运行方式，提高政府治理水平。以严格文明执法为中心环节，进一步加强和改进行政执法体制机制，推动执法理念、执法方式的转变，确保执法公正。依法行政优化并公开各个政府部门的工作流程。行政机关依据法律规定的实体条件和程序步骤全面履行执法职责，坚持在法律面前人人平等，对任何公民、法人和其他组织的合法权益要平等保护，不得在没有法律依据的情况下作出影响公民、法人和其他组织权益或增加其义务的规定。政府执法部门对现有工作流程从时效、成本、效果等各个方面进行评价，在评价结果基础上，提出可优化改进的环节，制定更加科学合理、方便高效的执法工作流程。建立制度化的执法体制，强调执法的正当性、程序性与权责一致性。按照党的十八届四中全会的要求，制度化执法既是行政执法未来的发展趋势，也是法律实施的基本方式。

（四）健全监督机制

约束权力的法律虽然具有强制力，但要得到执行光靠自觉还不行，还要靠强力推进，靠有效监督，才能保证落实。没有监督，法律要不就是在执行中走样，要不就是落实不了，导致法律实施无力、权力运行越线。善于运用移动互联网以及微博、微信等通讯形式，引导并形成监督合力，在严格落实党内监督、行政监察、审计监督、巡视监督等内部监督的同时，健全民主监督、法律监督、舆论监督机制，把公开作为最有力的反腐措施，实现监督者与监督对象信息对称，把关政府权力的笼子置于众目睽睽之下看好。

（五）落实权利救济

无救济即无权利，有权利必有救济。检验国家治理体系与能力现代化是否成功，检验法治政府是否建成，最终要看人民权利和利益是否得到应有的保障和充分的发展。人民的权利包括物质权利和精神权利，经济权利、政治权利、社会权利、文化权利和生态权利，也包括实体权利和程序权利。完善行政复议、行政诉讼以及行政赔偿制度，强化对公民实体权利和程序权利侵权救济。完善行政调解、行政裁决、人民调解、行政复议等制度化纠纷解决机制，发挥行政复议作用，从而更好化解行政争议。

参考文献

1. 埃斯平 – 安德森：《福利资本主义的三个世界》，商务印书馆 2010 年版。

2. 奥斯本和盖布勒：《改革政府：企业家精神如何改革着公共部门》，上海译文出版社 2013 年版。

3. 邓小平：《建设有中国特色的社会主义》，载《邓小平文选》（第三卷），人民出版社 1993 年版。

4. 詹成付：《关于在社区建设背景下城市居委会建设中的若干问题研究》，民政部网站，http://zqs.mca.gov.cn/article/sqjs/llyj/201010/。

5. 列宁：《〈苏维埃政权的当前任务〉一文的几个提纲》（1918 年 3—4 月），载《列宁全集》第 34 卷，人民出版社 1985 年版。

6. 卢梭：《社会契约论》，商务印书馆 2003 年版。

7. 洛克：《论政府》，商务印书馆 1964 年版。

8. 马克思：《资本论》，人民出版社 2004 年版。

9. 米格代尔、S. 乔治：《社会中的国家：国家与社会如何相关改变与相互构成》，江苏人民出版社 2013 年版。

10. 青木昌彦等：《政府在东亚积极发展中的作用》，中国经济出版社 1998 年版。

11. 魏健馨：《宪政理论视野下现代政府制度研究》，人民出版社 2012 年版。

12. 沃尔夫：《市场还是政府》，重庆出版社 2009 年版。

13. 萨托利：《民主新论》，东方出版社 1998 年版。

14. 斯大林：《苏联社会主义经济问题》，人民出版社 1961 年版。

15. 斯蒂格利茨：《政府为什么干预经济》，中国物资出版社 1998 年版；《发展与发展政策》，中国金融出版社 2009 年版。

16. 宋晓梧：《地方政府公司化研究》，中国财富出版社 2014 年版。

17. 孙凤仪：《国内典型地区行政管理体制改革做法和经验研究报告》（2017 年打印稿）。

18. 习近平：《坚持实事求是的思想路线》，载《习近平党校十九讲》，中共中央党校出版社 2012 年版。

19.《习近平谈治国理政》，外文出版社 2014 年版；《习近平谈治国理政》（第二卷），外文出版社 2017 年版。

20.《党的十九大报告辅导读本》，人民出版社 2017 年版。

21. 哈努谢克、沃斯曼因：《国家的知识资本》，中信出版集团 2017 年版。

22. 俞可平：《论国家治理现代化》，社会科学文献出版社 2015 年版。

23. 俞可平、海贝勒、安晓波：《中共的治理与适应：比较的视野》，中央编译出版社 2015 年版。

24. 许成钢：《政治集权下的地方经济分权与中国改革》，载青木昌彦、吴敬琏《从威权到民主》，中信出版社 2008 年版。

25. 许吉文、张文魁：《国企改革对经济增速的提振效应研究》，

《经济研究》2015 年第 4 期。

26. 赵栩：《海南省行政管理体制改革调研报告》（2017 年打印稿）。

27. 郑功成：《中国社会保障 30 年》，人民出版社 2008 年版。

28. 朱光磊：《现代政府理论》，高等教育出版社 2009 年版。

29.《关于国务院机构改革和职能转变方案的决定》，第十二届全国人民代表大会第一次会议于 2013 年 3 月 14 日批准通过。

30. 周志忍：《大部制溯源：英国改革历程的观察与思考》,《行政论坛》2008 年第 2 期。

31. 南开大学周恩来政府管理课题组：《大部门体制的国际借鉴》,《瞭望》2008 年第 5 期。

32. 朱光磊，张志红：《"职责同构"批判》,《北京大学学报》2005 年第 3 期。

33. 陈天祥：《大部门制政府机构改革的新思路》,《学术研究》2008 年第 2 期。

34. 朱旭峰：《服务型政府与政府机构改革：一个公共物品的集体供给理论》,《中国行政管理》2010 年第 3 期。

35. 李抒望：《正确认识和把握国家治理现代化》,《决策导刊》2013 年第 12 期。

36. 贡献：《从强化公务员问责制看人事制度的变革》,《人才资源开发》2009 年第 3 期。

37. 王永生：《政府问责制建设的探索》,《学术论坛》2008 年第 1 期。

38. 阿诺德·J. 海登海默：《腐败的面貌：以比较眼光进行的探索》,《国际社会科学杂志》1997 年第 3 期。

39. 王沪宁：《反腐败：中国的实验》，三环出版社 1990 年版。

40. 张志红：《当代中国政府间纵向关系研究》，天津人民出版社 2005 年版。

41. 王之超：《我国政府行政管理体制创新的路径选择》，《经贸实践》2018 年第 4 期。

42. 高培勇：《中国财税改革 40 年：基本轨迹、基本经验和基本规律》，《经济研究》2018 年第 3 期。

43. 贾康：《推动扁平化改革，完善分级财税体制》，《中国证券报》2012 年 12 月 26 日。

44. 郑永年：《中国央地关系向何处去？》，《联合早报》2018 年 1 月 30 日。

45. 周飞舟：《分税制十年：制度及其影响》，《中国社会科学》2006 年第 6 期。

46. 楼继伟：《深化财税体制改革，建立现代财政制度》，《求是》2014 年第 20 期。

47. 朱旭峰，吴冠生：《中国特色的央地关系：演变与特点》，《治理研究》2018 年第 2 期。

48. 赵忆宁：《我国分税制决策背景历史回放》，《瞭望》2003 年第 37 期。

49. 张光：《十八大以来我国事权和财权划分政策动向：突破还是因循？》，《地方财政研究》2017 年第 4 期。

50. 杨光飞、赵超：《从旧形态到新格局：我国政府与市场关系的演进（1978—2015）——以改革开放以来重要政策文献为线索》，《深圳大学学报（人文社会科学版）》2015 年第 6 期。

51. 郝志强：《新形势下政府与市场关系探究》，《佳木斯大学社会科学学报》2015 年第 3 期。

52. 徐曼：《新常态下正确处理政府与市场的关系》，《马克思主义学刊》2015 年第 2 期。

53. 王焕祥：《新常态下政府有为与市场有效的协同演进》，《开放导报》2015 年第 2 期。

54. 时家贤：《马克思恩格斯的市场经济理论与社会主义市场经济》，《当代世界与社会主义》2014 年第 6 期。

55. 刘世锦：《新常态下强而有道政府才能支撑强而有效市场》，《财经界》2014 年第 12 期。

56. 程恩富：《完善双重调节体系：市场决定性作用与政府作用》，《中国高校社会科学》2014 年第 6 期。

57. 徐永德：《新常态下转变经济发展方式的制度因素和路径研究》，《探索》2014 年第 5 期。

58. 胡钧：《科学定位：处理好政府与市场的关系》，《经济纵横》2014 年第 7 期。

59. 王元京：《民营经济参与国有经济战略性重组的投资方式》，《西部论丛》2010 年第 11 期。

60. 王为弈：《国有股权社会化问题研究》，《当代经济》2006 年第 4 期。

61. 陈永伟、周林：《"国""民"竞合》，《21 世纪商业评论》2011 年第 6 期。

62. 盖爱民：《国企民企公平融资环境的构建》，《科技与企业》2012 年第 7 期。

63. 孔令波：《构建国企民企公平融资环境》，《市场周刊》2010 年第 9 期。

64. 刘红昆：《关于国企民企合作现象的几点思考和建议》，《现代经济信息》2011 年第 18 期。

65. 王永庆：《国有企业与民营企业应协调发展》，《北京观察》2013 年第 7 期。

66. 项冶、张静：《大企业时代国企与民企需融合发展》，《红旗文稿》2012 年第 19 期。

67. 叶辅靖、郝洁：《发达国家对资本流动的管理及其对我国的启示》，《经济研究参考》2002 年第 57 期。

68. 杨正东、甘德安：《中国国有企业与民营企业的数量演进》，《经济评论》2011 年第 4 期。

69. 张占斌：《大国竞争需要更优更强的国企》，《新华月报》2012 年第 13 期。

70. 赵振华：《国企民企，不是你死我活》，《人民论坛》2012 年第 10 期。

71. 陈永杰：《混合所有制经济占比分析》，《中国金融》2014 年第 4 期。

72. 顾钰民：《所有权分散与经营权集中——混合所有制的产权特征和效率分析》，《经济纵横》2006 年第 1 期。

73. 海菁、马国强：《国有企业混合所有制改革模式研究》，《合作经济与科技》2016 年第 7 期。

74. 胡洁：《混合所有制改革中的产权保护问题》，《中国发展观察》2015 年第 6 期。

75. 黄华：《关于当前国有企业混合所有制改革的探索：基于宏观、中观、微观层面的分析》，《未来与发展》2016 年第 7 期。

76. 黄群慧：《混合所有制改革要"上下结合"》，《人民日报》

2014 年 4 月 8 日。

77. 唐昭霞：《国有企业混合所有制改革存在的问题及对策探讨》，《理论探讨》2016 年第 3 期。

78. 万华炜、程启智：《中国混合所有制经济的产权经济学分析》，《宏观经济研究》2008 年第 2 期。

79. 张文魁：《中国混合所有制企业的兴起及其公司治理研究》，经济科学出版社 2010 年版。

80. 李培林主编：《中国社会巨变和治理》，中国社会科学出版社 2014 年版。

81. 龙宁丽主编：《政府改革与公共治理》，中央编译出版社 2015 年版。

82. 丁元竹著：《社会治理现代化的探索》，国家行政学院出版社 2016 年版。

83. 俞可平等：《中国的治理变迁（1978—2018）》，社会科学文献出版社 2018 年版。

84. 魏礼群主编：《社会治理：新思想，新实践，新境界》，中国言实出版社 2018 年版。

85. 国务院发展研究中心公管所：《社会治理的理论与实践探索》，中国发展出版社 2018 年版。

86. 谢建杜：《新时代中国社会变迁与社会治理若干问题研究》，中国社会科学出版社 2018 年版。

87. 吴忠泽、陈金罗：《社团管理工作》，中国社会出版社 1996 年版。

88. 陆春萍主编：《西北地区社会组织发展现状及其管理研究》，中国社会科学出版社 2013 年版。

89. 王名：《中国民间组织 30 年——走向公民社会》，社会科学文献出版社 2008 年版。

90. 何增科：《中国社会管理体制改革路线图》，国家行政学院出版社 2009 年版。

91. 张良：《我国社会组织转型发展的地方经验：上海的实证研究》，中国人事出版社 2014 年版。

92. 郭道久：《"强国家—强社会"：我国社会组织发展的政治分析》，天津人民出版社 2017 年版。

93. 康晓强：《社会建构的逻辑：中国社会组织发展论纲》，中国政法大学出版社 2017 年版。

94. 黄晓勇主编：《中国社会组织报告（2018）》，社会科学文献出版社 2018 年。

95. 俞可平著：《敬畏民意：中国的民主治理与政治改革》，中央编译出版社 2012 年版。

96. 清华大学社会学系社会发展研究课题组：《走向社会重建之路》，2010 年 9 月，http://www.360doc.com/content/14/1022/12/49267_418910520.shtml。

97. 陆学艺主编：《当代中国社会结构》，社会科学文献出版社 2010 年版。

98. 冯仕政：《当代中国的社会治理与政治秩序》，中国人民大学出版社 2013 年版。

99. 冯仕政：《社会治理新蓝图》，中国人民大学出版社 2017 年版。

100. 李路路：《社会结构阶层化和利益关系市场化——中国社会管理面临的新挑战》，《社会学研究》2012 年第 2 期。

101. 卢汉龙等：《新中国社会管理体制研究》，上海人民出版社 2009 年版。

102. 鄢一龙等：《大道之行：中国共产党与中国社会主义》，中国人民大学出版社 2015 年版。

103. 迟福林主编：《伟大的历程：中国改革开放 40 年实录》，广东经济出版社 2018 年版。

104. 徐显明：《坚持人民当家作主》，《求是》2018 年第 1 期。

105. 李振南：《"笼子论"：把权力关进制度的笼子里》，《内蒙古日报（汉）》2015 年 9 月 7 日。

106. 李坤轩、马玉丽：《法治政府建设的问题反思与解决之道》，《人民论坛》2016 年第 33 期。

107. 《实现依法治国的历史跨越》，人民日报社论，新华网，2014 年 10 月 23 日。

108. 马凯：《关于建设中国特色社会主义法治政府的几个问题》，《国家行政学院学报》2011 年第 5 期。

109. 徐显明：《论"法治"的构成要件》，《法学研究》1996 年第 3 期。

110. 黄金辉，何凌举：《权力任性的危害、表现及遏制》，《人民论坛》2015 年第 8 期。

111. 张永军：《简政放权要达到什么成效？》，《西部大开发》2013 年第 4 期。

112. 栾俪云等：《60 年：改变中国的法治进程》，社会科学文献出版社 2015 年版。

113. 编辑部：《法治改变了中国》，《检察风云》2007 年第 19 期。

114. 王丽娜、鲁伟：《张文中案改判：产权保护纠错样本》，《财经》2018 年第 13 期。

115. 原海洋：《法治是产权保护的最强"保护伞"》，《中国法院网》2018 年 6 月 1 日。

116. 王建勋：《良治社会为何必须限制政府权力？》，《人民论坛网》2016 年 6 月 19 日。

117. 孙正政：《从反腐角度谈政府公信力的提升》，《开封大学学报》2017 年第 1 期。

118. 陈耿、傅达林、刘婷婷：《走向新中华法系的道路　新中国60 年法治探索回眸》，《经济参考报》2009 年 6 月 22 日。

119. 马怀德：《法治政府建设在改革开放中稳步推进》，《人民日报》2018 年 7 月 25 日 7 版。

120. 王衍诗：《严防权力把制度关进笼子里——论制度与权力的较量》，《南方》2016 年第 9—10 期合刊。

121. 申欣旺、王雪：《刘少奇曾称年轻人搞宪法浪费　文革时拿出宪法抗议》，《中国新闻周刊》2011 年 5 月 5 日。

122. 唐冰开、刘雪峰编著：《和谐社会视阈下的政府治理问题研究》，吉林大学出版社 2010 年版。

123. 梁柱：《重温毛泽东反对官僚主义的论述：官僚主义是人民民主的大敌》，《红旗文稿》2013 年 9 月 9 日。

124. 贺林平：《法治政府　仍在路上》，《人民日报》2014 年 10月 13 日 11 版。

125.Charles wolf, Jr. Markets or Governments, The MIT Press Cambridge, Massachusetts London,England,1988.

126.Masahiko Aoki，Hyung-ki Kim and Masahiro Okuno-Fujiwara,The Role of Government in East Asian Economic Development, Clarendon Press

Oxford,1997.

127.McKinnon,R. & T.Nechyba, Competition in Federal Systems：The Role of Political and Financial Constraints, The New Federalism：Can the States be Trusted, Hoover Institution Press,1997.

128.Montinola. G., Qian. Yingyi & Weingast. B., "Federalism, Chinese Style：The Political Basis for Economic Success in China", World Politics,1996,48（1）.

129.Naughton, Barry. "How Much can Regional Integration Do to Unify China's Market?" ,Center for Research on Economic Development and Policy reform, Working Paper 8,2000（58）.

130.Qian, Yingyi and Barry R.Weingast, "Federalism as a Commitment to Preserving market incentives", journal of economic perspectives, 1997,11（4）.

责任编辑：高晓璐

图书在版编目（CIP）数据

人民满意型政府的伟大实践：中国政府改革 40 年回顾与展望/国家发展改革委
  宏观经济研究院经济体制与管理研究所 著. —北京：人民出版社，2018.12
（改革开放 40 年：中国经济发展系列丛书）
ISBN 978－7－01－020124－5

Ⅰ.①人… Ⅱ.①国… Ⅲ.①行政管理-政治体制改革-研究-中国
  Ⅳ.①D63

中国版本图书馆 CIP 数据核字（2018）第 274862 号

人民满意型政府的伟大实践：中国政府改革 40 年回顾与展望
RENMIN MANYIXING ZHENGFU DE WEIDA SHIJIAN ZHONGGUO ZHENGFU
GAIGE 40 NIAN HUIGU YU ZHANWANG

国家发展改革委宏观经济研究院经济体制与管理研究所 著

人民出版社 出版发行
（100706 北京市东城区隆福寺街 99 号）

山东鸿君杰文化发展有限公司印刷 新华书店经销

2018 年 12 月第 1 版 2018 年 12 月北京第 1 次印刷
开本：710 毫米×1000 毫米 1/16 印张：15
字数：231 千字

ISBN 978－7－01－020124－5 定价：49.00 元

邮购地址 100706 北京市东城区隆福寺街 99 号
人民东方图书销售中心 电话（010）65250042 65289539